Leonardo da Vinci
E SEU SUPERCÉREBRO

Michael Cox
Ilustrações de Clive Goddard
Tradução de Eduardo Brandão

SEGUINTE

Copyright do texto © 2003 by Michael Cox
Copyright das ilustrações © 2003 by Clive Goddard

O selo Seguinte pertence à Editora Schwarcz S.A.

Grafia atualizada segundo o Acordo Ortográfico da Língua Portuguesa de 1990, que entrou em vigor no Brasil em 2009.

Título original
Leonardo da Vinci and his super-brain

Preparação
Beatriz Antunes

Revisão
Ana Maria Barbosa
Maysa Monção

Atualização ortográfica
Verba Editorial

Dados Internacionais de Catalogação na Publicação (CIP)
(Câmara Brasileira do Livro, SP, Brasil)

Cox, Michael
 Leonardo da Vinci e seu supercérebro / Michael Cox; ilustrações de Clive Goddard; tradução de Eduardo Brandão. — 1ª ed. — São Paulo: Companhia das Letras, 2004.

 Título original: Leonardo da Vinci and his Super-Brain.
 ISBN 978-85-359-0461-1

 1. Literatura infantojuvenil I. Goddard, Clive. II. Título.

04-0296 CDD-028.5

Índices para catálogo sistemático:
1. Literatura infantojuvenil 028.5
2. Literatura juvenil 028.5

31ª reimpressão

Todos os direitos desta edição reservados à
EDITORA SCHWARCZ S.A.
Rua Bandeira Paulista, 702, cj. 32
04532-002 — São Paulo — SP
Telefone: (11) 3707 3500
www.seguinte.com.br
contato@seguinte.com.br
 /editoraseguinte
 @editoraseguinte
 Editora Seguinte
 @editoraseguinteoficial

FSC
www.fsc.org
MISTO
Papel | Apoiando o manejo florestal responsável
FSC® C105484

A marca FSC® é a garantia de que a madeira utilizada na fabricação do papel deste livro provém de florestas que foram gerenciadas de maneira ambientalmente correta, socialmente justa e economicamente viável, além de outras fontes de origem controlada.

Esta obra foi composta por Américo Freiria em Wilke e impressa em ofsete pela Gráfica Bartira sobre papel Pólen da Suzano S.A. para a Editora Schwarcz em abril de 2025.

SUMÁRIO

Introdução	5
Garoto naturalista	9
A Renascença era um barato	19
Garanta o seu futuro no Estúdio Verrocchio	30
Um é pouco, dois é bom, três é demais!	39
Pintando o sete	47
Estados Desunidos da Itália	57
Quem tem caderno tem tudo	69
Renascença à milanesa	78
O cavalo de batalha do Leo	91
Uma ceia azarada	104
E tome água!	118
Esses homens traiçoeiros com suas máquinas mortíferas	126
Duelo de titãs	141
Sorria!	155
Voando alto	163
Epílogo	175

INTRODUÇÃO

Milhões de pessoas conhecem Leonardo da Vinci como o artista italiano que pintou a *Mona Lisa*, o quadro mais famoso do mundo.

Milhões de outras pessoas o veem como um gênio, muitos anos-luz à frente do seu tempo em matéria de ciência, matemática e engenharia. Leo imaginou helicópteros, tanques de guerra e submarinos (sem falar num banheiro incrivelmente organizado que desenhou) alguns séculos antes de esses inventos se tornarem realidade.

Leonardo da Vinci e seu supercérebro

Para muita gente, ele foi também um sábio, que não só buscou desvendar os segredos da anatomia, desenhando os mais misteriosos e complicados detalhes do corpo humano, como também se questionou sobre a alma, o lugar do homem e sua finalidade em nosso imenso e complexo Universo.

Há também aqueles que se lembram dele como músico. Leonardo construía os próprios instrumentos e escrevia as composições que ele mesmo executava para um público admirado.

E, acredite ou não, ainda há outros que se recordam de Leo como arquiteto, cartógrafo e urbanista! Sabia que ele fez projetos sensacionais de supercidades, edifícios e aquedutos?

Introdução

O mais incrível mesmo é que *toda* essa gente tem razão! Leonardo foi *isso tudo* e muito mais! Se no século XV houvesse psicólogos especializados em orientação profissional, teriam enlouquecido avaliando seu teste vocacional. Ele se interessava por absolutamente tudo o que há debaixo do Sol — para não falar no que se encontra além dele. Em seus 67 anos de vida, Leonardo empregou seu supercérebro em um número de projetos muito maior do que a maioria das pessoas normais seria capaz, mesmo que vivessem uma centena de vidas.

Como se não bastasse ser o máximo em tantos campos do conhecimento, Leo ainda por cima era lindo de morrer, se vestia superbem, era um craque nos esportes e tinha uma saúde de ferro (dizem que era tão forte que entortava ferraduras com uma só mão!). E tem mais: montava a cavalo divinamente e era esgrimista de primeira, mas como não gostava de violência, nunca sacava a espada quando sentia raiva de alguém. Para coroar toda essa lista de habilidades, era um ótimo papo e tinha ideias  inteligentes sobre quase tudo. Sabem do que mais? Nunca pisou numa escola! (Epa! Não devia ter contado isso. Não vão seguir justo esse exemplo, hem?)

Você vai encontrar neste livro um monte de fatos extraordinários e histórias incríveis sobre um dos homens mais geniais e criativos de todos os tempos. Vai saber, por exemplo:

- por que ele despejou um balde d'água num padre;
- como quase matou o pai de susto;
- por que fez seu professor de arte desistir da pintura;
- o que fez com uns cadáveres e umas cordas;
- como planejou afogar um exército inteiro.

Aqui, você também poderá conhecer as fantásticas invenções de Leonardo da Vinci, que estavam séculos à frente de seu tempo, além de encontrar todo tipo de dicas de desenho, um roteiro para pintar uma obra-prima e uma aula de "artaliano", que nos dias de hoje é uma língua indispensável. Já está salivando com essa leitura suculenta que vamos lhe oferecer? Pois babe ainda mais: você vai conferir o que o Leo escreveu no seu lendário caderno perdido e descobrir o que esse grande homem pensava sobre o mundo, a vida e o minestrone.

Certa vez, Leonardo disse:

> *Todas as pessoas **legais** gostam de saber das coisas.*

E como você é legal, chegou a sua hora de matar a curiosidade e saber tudo sobre Leonardo da Vinci e seu supercérebro.

GAROTO NATURALISTA

Leonardo da Vinci nasceu na Itália, às 10h30 da noite de um sábado, 15 de abril de 1452, numa região montanhosa, perto da aldeia fortificada de Vinci. Coincidência? Nada disso. *Da Vinci* não é sobrenome, significa apenas que Leonardo era natural da aldeia de Vinci.

A mãe do Leo, Caterina, era uma criada de dezesseis anos, e seu pai, seu Piero da Vinci, era notário (não confundir com otário), isto é, um tabelião. Embora fosse apaixonada por seu Piero, Caterina não era casada com ele e, no ano em que o Leo nasceu, o notário se casou com uma outra moça, também de dezesseis anos, chamada Albiera, que, ao contrário de Caterina, era de família fina. Não se sabe se foi a Caterina que catou o buquê jogado por Albiera, mas o caso é que, pouco depois, ela juntou as trouxas com um cara muito menos bem de vida que seu Piero e largou Leonardo com o pai e a madrasta.

Mas, como seu Piero e sua mulher iam o tempo todo a Florença para trabalhar, dispunham de muito pouco tempo para Leo. Assim, apesar de ter dois pais e duas

Garoto naturalista

mães, o garotinho acabava ficando muito mais com os avós, em Vinci, e passava os dias em companhia do irmão mais moço do pai, tio Francesco, que cuidava dos olivais, das árvores frutíferas e das vinhas da família Da Vinci (além dos sobrinhos abandonados).

Quando Leo ficou mais crescido, ele e o tio Francesco passaram muitos dias felizes e ensolarados caminhando por ali. Vinci dá para o vale do Arno, e a região montanhosa em volta da aldeia é de uma beleza estonteante, com lindos rios descendo morro abaixo, maravilhosas plantações de árvores frutíferas, lagos e bosques de conto de fada. Toda essa exuberante beleza deve ter marcado profundamente Leonardo, por toda vida. Enquanto tio Francesco inspecionava as vinhas e os olivais da família, Leozinho não parava de lhe fazer perguntas sobre toda aquela variedade de bichos que povoavam as montanhas do lugar.

Leonardo da Vinci e seu supercérebro

Embora não se saiba muito sobre a infância de Leonardo, acredita-se que ele tenha ficado tão deslumbrado com a paisagem da sua terra natal que logo começou a desenhar o que via: árvores, pedras, bichos. Um de seus primeiros desenhos, provavelmente feito nos arredores de Vinci, mostra dois patos num laguinho.

Garoto naturalista

Assim que cresceu, Leo adquiriu o costume de desenhar tudo o que via, num caderninho que carregava para todos os lugares. É mais ou menos como algumas pessoas de hoje em dia, que andam sempre com uma máquina fotográfica, registrando belas imagens de pessoas e paisagens. Esse costume acompanhou Leonardo até o final da vida. Seus cadernos de notas eram importantíssimos para ele, porque lhe permitiam registrar suas ideias, indagações e observações sobre todas as coisas que ele via, antes que uma nova leva de pensamentos invadisse seu supercérebro!

Leo também começou a tomar notas sobre a melhor maneira de aprimorar seus dons artísticos. Eis o que ele disse sobre como desenhar rapidamente pessoas...

Aprendendo com o Leo

Como desenhar rapidamente uma pessoa: Sem muita complicação, trace as linhas principais do corpo. Desenhe um "O" no lugar da cabeça e use linhas retas ou curvas para desenhar as pernas, os braços e o tronco (aquilo que fica entre a cintura e o pescoço, nada a ver com árvores).

Chegando em casa, termine o esboço.

Como desenvolver uma rápida coordenação mão/olho: Recorte num papelão silhuetas de diferentes formas, depois jogue-as de um lugar alto. Tente desenhar rapidamente os diversos movimentos que elas fazem em pontos diferentes da queda. Sua coordenação mão/olho vai ficar um arraso!

Mas o desenho não foi a única habilidade que o jovem Leonardo desenvolveu enquanto crescia nos campos da Toscana. Na adolescência, por exemplo, provou ser um decorador e tanto.

Garoto naturalista

O APAVORANTE ESCUDO DE LEONARDO

UM DOS EMPREGADOS DOS DA VINCI FEZ UM ESCUDO COM UM PEDAÇO DE TRONCO DE FIGUEIRA. QUERENDO ENFEITÁ-LO, LEVOU-O A SEU PIERO.

PATRÃO, SERÁ QUE O SENHOR PODIA PEDIR A UM DAQUELES PINTORES FAMOSOS DE FLORENÇA PARA ORNAMENTAR MEU ESCUDO?

TUDO BEM! MAS VAI TE CUSTAR UMA TRUTA E UM JAVALI.

MUITO ESPERTO, SEU PIERO LEVOU O ESCUDO PARA LEO.

FILHO, PODE DECORAR ESTE ESCUDO PARA MIM?

CLARO, PAI. DEIXE COMIGO.

O ESCUDO ERA UM HORROR, TODO EMPENADO E MALFEITO. LEO DESEMPENOU, LIXOU E ENVERNIZOU O ESCUDO COM O SUPERVERNIZ QUE ELE MESMO FAZIA.

PAPAI É DEZ! ADORO UM DESAFIO!

AGORA SÓ FALTAVA BOLAR UMA IMAGEM BEM APAVORANTE PARA DECORAR O ESCUDO. CATOU UM MONTE DE LAGARTOS, MORCEGOS, GRILOS, COBRAS E OUTROS BICHOS HORROROSOS, TODOS MORTOS, CLARO.

IRC! QUE BICHO NOJENTO!

Leonardo da Vinci e seu supercérebro

Garoto naturalista

Aprendendo com o Leo

Dê asas à imaginação: Para estimular a imaginação e fazer você se sentir criativo de morrer e cheio de novas ideias, olhe fixamente para uma parede coberta de manchas informes. Se olhar bem, lindas paisagens montanhosas, árvores apavorantes, batalhas sangrentas, rostos fantásticos e roupas esquisitíssimas irão aparecer. Agora, se você for um cara sem nenhum pingo de imaginação, só vai mesmo enxergar uma parede coberta de manchas.

Leonardo da Vinci e seu supercérebro

E Leonardo continuou crescendo: passeava pelos campos da Toscana, comia pratos e pratos de minestrone (uma sopa italiana de legumes com macarrão), continuava fascinado com os infindáveis mistérios da ciência e da natureza e, é claro, dedicava-se a vários projetos artísticos. Acredita-se que, nessa época, em vez de ir à escola como hoje em dia, Leonardo era educado pelo padre da aldeia, que lhe ensinou coisas fundamentais, como não roer a ponta da pena com que escrevia, não assoar o nariz ao cumprimentar um nobre e "os três As".

Mais tarde, quando o Leo começou a ter uma erupção de espinhas maior que o monte Vesúvio e a ter pelos em lugares pavorosos, seu pai resolveu mudar-se definitivamente de Vinci, levando consigo o filho superbrilhante. Então, quando tinha por volta de quinze anos de idade, Leonardo da Vinci, garoto esperto e futuro gênio, foi morar na cidade mais avançada e agitada de toda a Europa no século XV: a fabulosa Florença!

A RENASCENÇA ERA UM BARATO

Dependendo do século em que se vive, a viagem de Vinci a Florença leva um dia em lombo de burro ou uma hora de táxi, repleta de emoções fortes (quem já andou de táxi na Itália pode explicar por quê).

Florença já foi um lugar perigoso e infestado pelas piores doenças, mas quando Leo e seu pai se mudaram para lá, a cidade havia se tornado riquíssima, efervescente, movimentada, cheia de novas ideias e... mosquitos gigantescos. Havia também uma superpopulação de comerciantes podres de ricos e todo tipo de gente talentosa. Não se dava dez passos sem tropeçar num gênio artístico ou num homem de negócios importante. Resultado: boa parte do mundo civilizado considerava Florença a cidade mais desbundante da Terra.

Durante os cem anos que precederam o nascimento do Leonardo, iniciou-se na Europa uma formidável mudança na maneira como as pessoas se comportavam, pensavam e tocavam seu dia a dia. Florença era um dos lugares onde essas mudanças vinham acontecendo, e por isso era uma cidade tão extraordinária.

A Renascença era um barato

Essa época em que se inventava tudo, se pensava sobre tudo, se pesquisava tudo, em que a vida era uma festa é hoje conhecida como Renascença (ou Renascimento).

Para você entender melhor o que Leonardo representou nessa alegre época de descobertas e criatividade, preparamos o seguinte resumo...

Por dentro da Renascença

Por volta de 500 d. C., após a queda do Império Romano, bárbaros mal-educados e malcheirosos passaram a fazer turnês sangrentas pela Europa. Esse turbulento período da história foi marcado por fome, miséria, guerras e marasmo, e a Europa Ocidental entrou na chamada "Idade Média".

Mas nem tudo eram trevas e desgraças na Idade Média. Quando os bárbaros encerraram suas excursões e se fixaram no Oeste europeu, muitas coisas bacanas começaram a ser feitas no campo da arte, como, por exemplo, maravilhosas catedrais góticas, vitrais de cair o queixo, tapeçarias magníficas e manuscritos lindamente ornamentados. Foi também na Idade Média que surgiram as primeiras universidades, hospitais e bancos. Mas, de modo geral, as pessoas ainda eram muito supersticiosas e ignorantes, o que fez com que as coisas relacionadas ao progresso e ao bem-estar humanos não evoluíssem tão rapidamente quanto em outras épocas da história.

A Idade Média durou mais ou menos até o século XIV, quando as coisas começaram a melhorar. Em certos lugares, especialmente no Norte da Itália e nos Países Baixos (hoje Holanda e Bélgica), a paz e a prosperidade começaram a se instalar. Essa atmosfera de estabilidade contribuiu para o surgimento de uma época de descobertas e criatividade, em que os tempos áureos do antigo mundo greco-romano pareciam *renascer* — daí o nome Renascença.

A Renascença é tida hoje como uma das épocas mais importantes da história europeia. Milhares de pessoas consideradas ignorantes, grosseiras e abrutalhadas foram se transformando em gente educada, mais esclarecida, sensível e sedenta de conhecimentos sobre tudo o que dizia respeito ao mundo em que viviam. Antes do Renascimento, as pessoas pensavam mais ou menos assim:

Na Renascença, as pessoas começaram a pensar de outra forma:

Estudar, investigar e descobrir virou moda, tomando o lugar da apatia e da falta de conhecimento. Depois aconteceu o seguinte:

1. Os crânios da Renascença começaram a se voltar para o passado e revalorizar as antigas civilizações grega e romana, dizendo coisas assim:

2. Os pensadores começaram a se influenciar pelo que os sábios da Antiguidade escreveram sobre política, filosofia e direito, enquanto os artistas mergulharam de cabeça no teatro, na poesia, na escultura e na arquitetura, o que lhes trouxe inspiração para criar uma grande e renovada arte.

3. Os artistas começaram a ter novas ideias sobre a arte que faziam e sobre os temas que essa sua arte adotava.

4. Havia no ar uma verdadeira ânsia de conhecimento. De repente, as pessoas queriam saber tudo sobre tudo! Ciência! História! Natureza! Arte!...

5. Além de pesquisar como funcionavam as coisas do dia a dia, os renascentistas também queriam saber como era o mundo, mundo, vasto mundo. Exploradores como Vasco da Gama, Fernão de Magalhães e Cristóvão Colombo levantaram âncoras e acabaram descobrindo terras além do horizonte azul.

6. Os comerciantes nunca compraram e venderam tanta coisa! Agora, não só comerciavam com os próprios europeus, como também com os habitantes dos países recém-descobertos. Como a qualidade de vida das pessoas das aldeias e das cidades melhorou muito, elas começaram a gastar com as novidades que vinham dos lugares mais distantes do planeta. Em conse-

quência, os comerciantes ficaram riquíssimos, por isso dispunham de um belo dinheiro para torrar em pintura, arquitetura e escultura, e especialmente em tudo o que era dedicado à glória de Deus — porque assim eles se sentiam um pouco menos culpados por serem tão escandalosamente ricos.

7. Em meados do século xv, na Alemanha, Johannes Gutenberg inventou a primeira prensa. Antes disso, leva-

A Renascença era um barato

va um tempão para se publicar um livro, porque eram copiados à mão, um de cada vez. Quando Leonardo já era quase cinquentão, havia cerca de mil prensas funcionando na Europa. Isso possibilitou que um número muitíssimo maior de pessoas aprendesse a ler e escrever.

Esperto, talentoso e inventivo como ele só, o jovem Leonardo não podia ter encontrado uma época nem um lugar melhores do que a Florença do século XV para iniciar sua carreira de gênio polivalente.

Caderno perdido do Leo 1469

Março

Meus dias no interior finalmente terminaram. Mudei para a maravilhosa cidade de Florença. É uma cidade enorme, cheia de gente interessante vestindo roupas finíssimas e montando magníficos cavalos. Uma festa para os olhos!

Eu ♥ cavalos

Gente educada e criativa é o que não falta por aqui. Muitos são estrangeiros. Quase todo mundo faz negócios e aprecia a arte. Ontem, vi o fabuloso domo da catedral, projetado por nosso grande gênio florentino, Brunelleschi.

Domo da catedral

Tem tanta coisa para fazer aqui! Meu cérebro até está fervendo! Ontem vi um dos Medici, acho que o Lorenzo. São a família mais importante de Florença. Papai trabalha para eles e diz que é o tipo de gente a quem devemos estar ligados. Têm uma grana preta!

Abril
Papai decidiu que é hora de eu aprender algo útil. Mas o quê?
Mamãe e papai não eram casados, logo não me

é permitido ser advogado, nem banqueiro, nem médico, nem farmacêutico, então não faz sentido entrar para a Universidade de Florença e estudar latim, geometria e direito. Papai pensou em me preparar para ser um grande artista e até me arranjou uma vaga no estúdio de Andrea del Verrocchio, o lugar mais criativo da cidade. Lá, vou conviver com rapazes do povo: filhos de açougueiros, padeiros e macarroneiros. Gostei da ideia; se der para eu aprender, desenhar e ser criativo, está ótimo. E não me incomoda nem um pouco deixar de aprender geometria e coisas afins. Mais tarde, aprendo por conta própria. Começo amanhã. Mal posso esperar!

GARANTA O SEU FUTURO NO ESTÚDIO VERROCCHIO

Naquela época, falar de arte era falar em Andrea del Verrocchio. O cara era famoso de morrer. Ao seu estúdio, iam emergentes e grã-finos dos cafundós do judas, só para encomendar obras-primas inigualáveis.

Verrocchio
O endereço das pessoas de bom gosto.
Afrescos, móveis, esculturas e pinturas de babar! Placas, monumentos, insígnias e brasões charmosos!
Bandejas e taças suntuosas, de ouro ou prata, sob encomenda!
Armaduras e equipamentos militares para supermachos!
Cerâmicas e terracotas de cair o queixo!
Você encomenda, a gente executa!

VINCI
FLORENÇA
E É SÓ

Andrea del Verrocchio (1435-1488)

Quando Andrea era rapazola, aconteceu uma coisa que o marcaria para o resto da vida: um dia, ele e seus amigos brincavam de atirar pedras, quando sem querer uma pedra que ele jogou acertou um dos garotos bem na cabeça. O azarado morreu da pedrada, e Andrea foi preso por homicídio. Mas só ficou em cana poucas semanas, pois, naquela época, as mortes acidentais eram muito comuns em Florença. Verrocchio foi solto, mas nunca se esqueceu da tragédia. Muitos anos depois, trabalhando numa escultura de Davi (aquele cara bom de mira que acertou o Golias), Andrea não pôs na mão do herói a pedra e a funda, mas uma espada, que não lhe recordava o terrível acidente.

Quando Andrea cresceu, foi trabalhar com um ourives (sujeito que faz joias), com quem aprendeu todos os segredos do ofício: incrustar pedras preciosas, desenhar joias, fundir metais... Por fim, tornou-se pintor e escultor, e em 1464 recebeu a encomenda de uma lápide para o túmulo de um figurão da família Medici. E foi assim que virou escultor oficial da família. Daí em diante, as encomendas não pararam mais, e ele começou a ficar famoso.

Leonardo da Vinci e seu supercérebro

O ateliê de Verrocchio

O ateliê de Verrocchio, em Florença, era um formigueiro em que um montão de artistas e aprendizes davam duro sem parar. Naquela época, vida de artista não era moleza: o cara começava como aprendiz num ateliê, onde suava a camisa, fazendo tudo que é tipo de trabalho — e

olha que o tempo de aprendizado podia durar até dez anos! O ateliê não era um lugar charmoso e sossegado, como os de hoje: mais parecia uma fábrica em que equipes de artistas-operários deveriam produzir as obras mais admiráveis de todos os tempos.

Vida de aprendiz

Em quase todas as esquinas de Florença havia estúdios como o de Verrocchio, e em cada um deles rapazes como Leonardo aprendiam desenho, pintura, escultura e ourivesaria. Durante o primeiro ano de aprendizado, esses rapazes eram chamados *discepoli* (discípulos, alunos), mas na verdade eram uma espécie de faz-tudo dos artistas mais velhos. Entre outras coisas, eles tinham de:

Garanta o seu futuro no Estúdio Verrocchio

Enquanto davam duro no estúdio, os *discepoli* aproveitavam para observar os mestres artesãos e artistas trabalhando, e estes lhes davam dicas sobre como fazer isso ou aquilo. Sempre que tinham uma folga, os discípulos tratavam de desenhar um pouco para aprimorar seus dotes artísticos.

Depois do primeiro ano, os rapazes eram promovidos a *garzoni* (ajudantes). Começavam então a aprender as técnicas de que necessitariam para ser artistas.

Eram coisas assim:

1. Desenhar dobras de roupas e tecidos
Era importantíssimo aprender isso, já que muitos daqueles aprendizes ganhariam a vida pintando imagens de personagens bíblicos, com mantos e túnicas cheios de dobras. Quando bem executadas, as dobras (ou drapeados), com seu jogo de claros e escuros, criam um efeito visual muito bonito. Para aprender a fazê-las, os aprendizes copiavam os desenhos de seu mestre e desenhavam modelos, feitos com cortinas endurecidas com gesso para não desfazer o drapeado.

2. Preparar o material

Hoje em dia, se você quiser pintar uma obra-prima, é só ir a uma loja e comprar o que precisa: tintas, tela, pincéis... Mas na Renascença não era assim. Todos esses materiais eram feitos no estúdio. Os aprendizes é que tinham de:

Moer os pigmentos
O pigmento é a matéria-prima que dá cor a uma tinta. Na Renascença, os pigmentos podiam ser obtidos por meio da moagem de, por exemplo, pedras e terra (para obter a tonalidade de marrom, conhecida como ocre) ou pedras semipreciosas, como o lápis-lazúli (para produzir o azul chamado ultramar, porque chegava à Itália vindo do Afeganistão, que ficava além do Mediterrâneo). Mas os minerais não eram a única fonte de pigmentos: o belo vermelho, chamado carmim ou carmesim, era obtido moendo-se um inseto chamado cochonilha.

Fazer os pincéis
Para fazer pincéis macios, os aprendizes usavam pelos de rabo de doninha, marta ou arminho. Esses pelos eram

enfiados num cálamo (aquela base oca da pena da ave), preso por sua vez num cabo de madeira.

Os pincéis duros eram feitos com pelo de porco, que eram amaciados caiando parede.

Preparar a madeira para a pintura
Muitas pinturas na época eram feitas em madeira. Para evitar que a tábua rachasse, era preciso fervê-la em água. Depois, o aprendiz aplicava uma camada de goma feita de pele de animal e, por fim, para que ficasse com a superfície bem uniforme, as tábuas eram recobertas de gesso.

3. Trabalhar com ovo e óleo
Se o aprendiz se saía bem nesses primeiros trabalhos, ia recebendo tarefas cada vez mais importantes, como pintar edifícios, árvores e até pessoas no plano de fundo da

pintura. Para isso, tinha de saber as duas principais técnicas usadas nos estúdios da Renascença:

Têmpera a ovo
Na pintura a têmpera, os pigmentos são misturados com água e gema de ovo. A têmpera seca muito depressa; portanto, se o artista errar, tem de pintar tudo de novo por cima.

Pintura a óleo
A pintura a óleo foi introduzida na Itália no século XV, vinda dos Países Baixos, e substituiu pouco a pouco a têmpera. Os pigmentos são misturados num óleo, como o de linhaça, resultando numa cor muito viva. Ao contrário da têmpera, a tinta a óleo demora para secar, o que permite corrigir facilmente os erros.

E, como se tudo isso não bastasse para deixar os garotos suficientemente atarefados, logo foi inventada uma nova técnica artística. E se essa técnica ainda dava muita dor de cabeça aos artistas experientes da época, imagine só o problemão que os aprendizes tiveram com essa tal de... perspectiva.

UM É POUCO, DOIS É BOM, TRÊS É DEMAIS!

Uma das grandes inovações da pintura do século XV foi o desenho em perspectiva. No período em que esteve no ateliê do Verrocchio, Leo deve ter aprendido a arte de desenhar e pintar usando essa novíssima técnica.

Antes da Renascença, a maioria dos pintores não tinha a menor ideia de como fazer para que as figuras e os objetos parecessem ter três dimensões. Se você olhar uma pintura medieval, vai notar que todas as figuras parecem recortes, silhuetas, porque foram pintadas em duas dimensões. Os pintores da Idade Média normalmente não sabiam representar a perspectiva em suas obras. A perspectiva é o fenômeno (e a ilusão de ótica) pelo qual as coisas parecem tanto menores quanto mais longe estão situadas, dando assim a impressão de profundidade.

Se um artista medieval pintava uma pessoa em tamanho menor que outras figuras do quadro, geralmente não era porque ela estava mais longe, mas:

a) porque essa pessoa não tinha uma posição importante na sociedade; ou

b) porque era pequena mesmo.

Leonardo da Vinci e seu supercérebro

> NA VERDADE, EU TENHO UM METRO E MEIO DE ALTURA E ESTOU LÁ ATRÁS. MAS SÓ QUE SOU DUQUE...
>
> TENHO UM METRO E NOVENTA E ESTOU BEM NA FRENTE. MAS NÃO PASSO DE UM LAVRADOR...
>
> EU SOU BAIXOTE MESMO!

No início da Renascença, artistas, arquitetos e outros sujeitos talentosos começaram a juntar seus conhecimentos de arte, matemática e ciência, e foi dessa mistura que acabou surgindo a ideia de perspectiva. Mais tarde, os pintores bolaram um jeito de reproduzir, em superfícies totalmente planas, a impressão de espaço, distância e volume. Eis algumas das técnicas utilizadas para criar esses efeitos especiais:

1. Uso do jogo de luz e sombra para dar aos objetos uma forma mais esférica. Essa técnica é conhecida como modelagem.

(A) BOLA (COM MODELAGEM) QUE DIZEM TER SIDO PINTADA POR PERUGINO, ARTISTA DO SÉCULO XV.

FONTE DE LUZ / LUZ / SOMBRA / SOMBRA PROJETADA

(B) BOLA (SEM MODELAGEM) QUE DIZEM TER SIDO PINTADA POR RONALDO, FUTEBOLISTA DO SÉCULO XXI.

2. Uso do macete artístico conhecido como escorço (não confundir com esforço). É a técnica que produz a ilusão de que uma coisa tem um tamanho diferente do que efetivamente tem.

> MINHA MÃO ESQUERDA PARECE ENORME E O MEU BRAÇO CURTÍSSIMO, MAS É POR CAUSA DO ÂNGULO DO QUAL VOCÊ OLHA.

3. Uso da perspectiva. É o fenômeno pelo qual as linhas externas de formas regulares, como muros ou estradas, parecem convergir para um mesmo ponto, chamado ponto de fuga.

> VIU COMO AQUELES TRILHOS DE TREM SE ENCONTRAM LÁ LONGE? PERSPECTIVA É ISSO AÍ.

> TRILHO? TREM? QUE É ISSO?

Em 1426, sobre uma parede completamente plana de uma igreja florentina, um artista chamado Masaccio fez uma pintura representando Jesus crucificado, com Deus e o Espírito Santo — a *Trindade*. O uso da perspectiva proporcionava ao observador a impressão de que era possível abraçar as figuras ou até posar ao lado delas.

Hoje, isso tudo parece banal, mas no século XV as pessoas ficavam muito impressionadas com essa técnica, talvez da mesma maneira como, em meados do século XX, as pessoas se impressionavam com a televisão ou com as primeiras gravações estereofônicas.

> ESSA TAL DE PERSPECTIVA SÓ DÁ DOR DE CABEÇA!

Leonardo ficou tão entusiasmado com a perspectiva que a mencionou num dos seus ensaios. No entanto, como muitos de seus textos, este também está perdido. (Deve ter sido posto para lavar junto com a sua túnica.)

Aperfeiçoando a nova técnica

Certa vez Leonardo disse:

> *O jovem tem de aprender primeiro a perspectiva, depois as proporções de todas as coisas.*

A precisão tornou-se uma verdadeira obsessão para ele, que queria que os temas de suas pinturas e desenhos fossem o mais realistas possível. Tanto é assim que Leonardo inventou uma engenhoca destinada a facilitar o

Um é pouco, dois é bom, três é demais!

desenho e a pintura e a garantir máxima precisão dos detalhes e da perspectiva. O aparelho também servia para verificar a composição e as proporções das suas obras. Essa engenhoca é chamada de perspectógrafo, mas Leonardo chamava-a simplesmente de treliça.

Era uma grade feita de fios de algodão, posta na vertical, com um visor a uns trinta centímetros do seu centro. Quando alguém olhava pelo visor para o que desejava pintar, a imagem era vista toda dividida em quadrados iguais.

Dizem que o Leo recomendava usar a treliça de várias maneiras, entre as quais as seguintes:

a) Numa folha de papel, desenhe uma quadrícula com as mesmas proporções da treliça. Depois, olhe pelo visor e desenhe a imagem sobre cada um dos quadrados, até que todos fiquem completos.

b) Desenhe a mão livre, sem nenhum aparelho, e então cheque com a treliça a precisão do trabalho.

> ### Aprendendo com o Leo
>
> **Como enxergar as coisas:** Olhe para apenas *um* detalhe da cena por vez. Quando um detalhe estiver bem gravado na sua memória, passe para o próximo e faça a mesma coisa.
>
> Continue, até ter a imagem inteira na cabeça.

Leonardo não era o único gênio que frequentava os ateliês de Florença. Jovens talentosos era o que não faltava por lá. Um deles era o Botticelli, que ficaria rico e famoso de morrer, embora não tão famoso quanto o Leonardo.

Sandro Botticelli (1445-1510)

Sandro era aprendiz no estúdio de Filippo Lippi na mesma época em que o Leo aprendia com Verrocchio. Seu verdadeiro nome era Alessandro di Mariano Filipepi, mas tinha o apelido de Botticelli, isto é, "barriquinha". Leonardo gostava muito do Botticelli e se divertia bastante com ele, que vivia contando piadas e fazendo palhaçadas. Mas não achava sua pintura grande coisa, dizia que os fundos dos seus quadros eram bem fraquinhos e que ele precisava tomar mais cuidado com a perspectiva.

> OI, LEO. TIVE UMA ÓTIMA IDEIA PARA UM QUADRO. VOU FICAR FAMOSO COM ELE!
>
> ACHO A SUA IDEIA MUITO DESCONCHAVADA, SANDRO!
>
> AI, MEU DEUS, QUE SAUDADE DA IDADE MÉDIA!

Como tantos outros jovens artistas que andavam por Florença, Botticelli criou uma porção de lindas obras para a família Medici, entre elas sua mais célebre pintura, o *Nascimento de Vênus*, que mostra a deusa romana do amor saindo de uma concha gigantesca.

Sandro também pintou muitas obras religiosas, entre elas a *Madona do Magnificat* e a *Madona da romã*. (Não, *Na cama com Madonna* não é dele.)

Leonardo da Vinci e seu supercérebro

> FOI A OSTRA GIGANTE MAIS DELICIOSA QUE EU JÁ COMI!

Além disso, trabalhou na decoração da capela Sistina, em Roma, mas fez apenas as paredes, deixando o teto para Michelangelo, que tinha braços mais compridos. Por volta de 1480, época em que Savonarola, o fanático religioso (ver página 126), era o todo-poderoso de Florença, Sandro teve um surto de fanatismo e começou a fazer pinturas realmente religiosas. (Mas claro que foi mera coincidência.)

A cada dia, Leonardo e todos os outros aprendizes aperfeiçoavam seus dotes artísticos, mas foi Leo quem primeiro criou uma obra tão extraordinária que quase levou Verrocchio às lágrimas.

PINTANDO O SETE

Caderno perdido do Leo 1470-1471

1470
Não tenho nenhum segundo livro no estúdio. É tanta coisa para ver e aprender! Cada dia que passa aprendo mais. Estamos trabalhando numa enorme bola de bronze que vai ficar no topo do domo de Brunelleschi. Tem seis metros de diâmetro e pesa mais de duas toneladas!

Verrocchio nos manda fazer uma série de cálculos matemáticos e experiências científicas para bolar o melhor jeito de prender a bola lá em cima.

Também estamos tentando descobrir como sustentar a bola, o melhor lugar para fixar as correntes que vão prendê-la e como os ventos mais fortes podem afetá-la, quando já estiver lá. Acho tudo isso fascinante! Na minha opinião, ciência e arte são inseparáveis, dependem intimamente uma da outra.

Ciência → ← Arte

Fevereiro de 1471
Verrocchio está tão feliz com minha evolução que me nomeou seu assistente! Isso é que é vida! Quando não estou trabalhando, saio para me distrair, tocar e ouvir música, e exibir minha roupa cor-de-rosa chiquérrima (para mim, rosa é a cor dos descolados!). No estúdio, aprendi a fazer máquinas de efeitos especiais para quadros vivos e peças de teatro. Parece que o velho Brunelleschi era um mestre na arte de fazer aparecer, como por mágica, céus repletos de criaturas vivas e luzes faiscantes. Fiz uma pomba que sobe e desce numa corda.
(Bem, sou apenas um aprendiz. Só mais tarde é que vou fazer coisas realmente espetaculares!)

Pintando o sete

O duque de Milão virá nos visitar mês que vem, e Lorenzo dei Medici quer que ele fique estupefato com Florença!

15 de março de 1471
O duque nos visitou ontem. Que desfile preparamos para ele!

Acho que Sua Alteza ficou impressionado!

27 de maio de 1471
Hoje içaram nossa bola de bronze para o topo do domo, usando este genial guincho sobre trilhos bolado por Brunelleschi, anos atrás. Achei-o tão sensacional que até fiz estes desenhos.

> Quase todo mundo em Florença veio ver a bola subir. Quando chegou lá em cima, os trompetes tocaram fanfarras, e a multidão irrompeu em gritos e aplausos. Um momento inesquecível!

Pinte o querubim para mim, meu anjo

Em 1472, Verrocchio estava fazendo um grande *Batismo de Cristo*, que havia sido encomendado por um mosteiro. A pintura mostrava Jesus no rio Jordão, com são João Batista derramando água em sua cabeça, e um par de anjos a seus pés. Como Verrocchio achava que Leo já tinha suficiente competência para trabalhar num projeto importante, pediu que ele pintasse um dos anjos. Quando foi conferir a obra angelical do Leo, tomou um susto.

> PRONTINHO, PATRÃO, TAÍ O ANJO.
> NÃO FICOU NADA MAU, NÉ?
> GRRRR! SNNRG! SNIF! SNIF!
> SNAP!

Verrocchio ficou fulo da vida porque o maravilhoso anjo do Leo ofuscava totalmente o resto da pintura, que ele próprio tinha feito. E jurou ali mesmo que nunca mais pintaria nada!

Como falar "artaliano"

Um dos pontos que os especialistas em arte costumam destacar na angelical contribuição do Leo à pintura do seu mestre (e em várias outras pinturas que ele fez do mesmo tema) é o uso do *sfumato*. Esse é um dos vários termos que os entendidos usam quando falam das pinturas renascentistas. E você, leitor esperto e inteligente, com certeza vai querer usar esses termos indispensáveis de "artaliano" em seu dia a dia. Por isso, aqui vão alguns deles, com a devida explicação e a correta pronúncia. Vai ver como seus professores, amigos, inimigos, colegas e namorada(o)s vão ficar impressionados quando você temperar a conversa com eles, com a maior naturalidade.

Sfumato

Sfumato é uma palavra italiana que significa esfumaçado, vago, impreciso. Os pintores mais antigos usavam linhas bem nítidas para definir o contorno e as formas das figuras que representavam, mas Leonardo preferia ir misturando diversas cores, deixando as formas indistintas, borradas, como se fossem vistas através de um véu ou de uma nuvem de fumaça. Isso dava às suas pinturas uma atmosfera misteriosa. Em muitas de suas obras, ele também usava o *sfumato* nas paisagens do fundo, o que aumentava o senso de perspectiva, tão admirado pelos artistas da Renascença. Se você observar uma paisagem de verdade, vai perceber que as coisas mais distantes ficam de fato menos nítidas, especialmente nos dias quentes de verão.

Chiaroscuro (pronuncie "quiaroscuro")
O *chiaroscuro*, isto é, claro-escuro, é a técnica pela qual Leonardo dava forma aos objetos, realçando em alguns pontos a luz e em outros as áreas escuras para criar um contraste — e aquele efeito tridimensional, tão indispensável para se obter uma boa perspectiva. Certa vez, Leo disse que "o *chiaroscuro* é a alma da pintura".

Um *chiaroscuro* acentuado pode contribuir para criar uma atmosfera fortemente dramática, como bem sabem os realizadores de cinema e televisão, que costumam usar a iluminação artificial para dar maior impacto a uma cena.

Cartão
Os cartões que os artistas da Renascença criavam não têm nada a ver com os cartões de visita, tampouco com os cartões bancários, de crédito ou de telefone que carregamos hoje em dia.

Cartão, na época do Leonardo e seus contemporâneos, eram os esboços que os artistas faziam, em papelão ou papel-cartão, para preparar uma obra de grandes dimensões. Um dos cartões mais célebres do Leo é o *Virgem, Cristo, Santana e são João menino*, desenhado a giz.

Afresco

Do italiano *"dipingere a fresco"* (pintar enquanto está fresco), é uma técnica de pintura mural executada no reboco de gesso fresco, com cores diluídas em água.

Contraposto

Contraposto (em italiano, *contrapposto*) é uma maneira de desenhar figuras humanas em que as partes superior e inferior do corpo ficam voltadas para direções opostas (por exemplo, pernas e braços virados para a direita, e a cabeça inclinada para a esquerda), dando mais vida à representação do que se fosse feita com um corpo rígido e ereto.

Pouco depois de o Leo ter pintado aquele anjo divino, Verrocchio julgou que seu aluno, agora com 23 anos de idade, já era plenamente capaz de ser um mestre pintor, e Leo entrou para a Companhia de São Lucas, que reunia a fina flor dos artistas florentinos. Depois de tantos anos de estudo e prática, agora poderia se estabelecer por conta própria e mostrar ao mundo quem ele era.

As associações florentinas

Os florentinos orgulhavam-se muito de sua arte e faziam questão de manter um alto nível de qualidade, o que contribuía para a fama internacional da cidade. Assim, se você quisesse produzir e vender obras de arte e artesanato, primeiro teria de passar por um longo treinamento, como fez Leonardo, e depois tentaria entrar para uma associação de artistas. O fato de pertencer a uma associação dava ao comprador a garantia de que você produzia obras de qualidade e que ele não corria o risco de algo assim acontecer...

Havia 21 dessas associações em Florença, e todo profissional respeitável pertencia a uma delas. Havia todo tipo de gente entre os membros das associações: de negociantes de tecidos e lãs, a tecelões de seda, banqueiros, comerciantes de especiarias e peles e, é claro, artistas e artesãos! O trabalho da associação do Leo, a Companhia de São Lucas, era garantir que seus membros não fizessem coisas como, por exemplo, usar pigmento de azorita no lugar do de lápis-lazúli, qualitativamente muito superior e *bem* mais caro.

Do bom e do melhor

Tudo o que os artistas e artesãos das associações faziam tinha de ser da maior qualidade, senão eles não ficavam satisfeitos. Faziam questão de criar os mais lindos objetos, mesmo que levassem a vida inteira!

Em 1401, o artista Lorenzo Ghiberti (1378-1455) iniciou um conjunto de portas decoradas para o lado norte de um edifício de Florença conhecido como Batistério. Terminou-as 23 anos depois, aos 48 anos de idade.

Quando entregou suas divinas portas, a carreira de Lorenzo deslanchou e as encomendas choveram! Encomendaram-lhe um par de portas para o lado leste do Batistério, que ele terminou 27 anos depois, em 1449, quando já estava com 73 anos de idade!

O escultor e poeta Michelangelo descreveu assim as admiráveis portas de Lorenzo:

> *Tão maravilhosas que merecem ser as portas do Paraíso.*

Embora sujeitos criativos como Leo, Botticelli e Ghiberti pudessem exercer sua arte em relativa paz e sossego, nem tudo na Florença do século XV era tranquilidade e esplendor. Não muito abaixo de Florença (e do resto da Itália, aliás), tramavam-se todo tipo de conspirações. E muitas delas, urdidas no segredo dos palácios, resultaram em terríveis cenas de pancadaria e carnificina, como você logo irá descobrir.

ESTADOS DESUNIDOS DA ITÁLIA

Na época de Leonardo, a Itália não era esse país ensolarado, unido e em forma de bota que conhecemos hoje. Bem, a bota e o Sol não mudaram muito, mas, decididamente, a Itália não era um país, e estava longe de ser unida.

ITÁLIA

DUCADO DE MILÃO, GOVERNADO PELA FAMÍLIA SFORZA

REPÚBLICA DE VENEZA, GOVERNADA PELOS DOGES

REPÚBLICA DE GÊNOVA

REPÚBLICA DE SIENA

REPÚBLICA DE FLORENÇA, GOVERNADA PELOS MEDICI

ESTADOS PAPAIS, GOVERNADOS PELOS PAPAS DE ROMA

REINO DE NÁPOLES

Seu território era dividido em vários minipaíses (ou cidades-Estado, como eram conhecidas), e cada um deles era governado por uma cidade todo-poderosa. No final do século XV, havia cerca de catorze cidades-Estado, cada uma das quais controlada por um punhado de indivíduos poderosos e de famílias que viviam tramando planos sinistros para conseguir o apoio das cidades-Estado vizinhas e derrotar seus inimigos. (E ainda há quem pense que a Máfia é uma invenção moderna.)

Na Renascença, as cidades-Estado da Itália volta e meia entravam em guerra. Entre uma guerra e outra, ficavam numa boa, mas ao mesmo tempo tramavam em segredo alguma rasteira para passar na outra, ou faziam alianças com outros países como a França, a Turquia e a Espanha, na esperança de que eles ajudassem a prejudicar suas rivais. O jogo de intrigas das cidades-Estado parecia enredo de novela mexicana.

Algumas das mais poderosas eram aquelas controladas por Florença, Milão e Veneza, que foram os lugares onde Leonardo passou a maior parte da vida. Toda a sua vida esteve ligada aos altos e baixos de seus governantes, porque eles tanto tinham o poder de fazer deslanchar sua carreira, quanto de destroçá-la. Às vezes ofereciam-lhe polpudas remunerações ou recomendavam-no a um dos seus cupinchas; outras, pelo contrário, espalhavam que Leo não era proveito, mas pura fama.

A maior parte das vezes, Leonardo atendia aos caprichos e necessidades dos figurões que estavam no poder. Fazia seus retratos, desenhava projetos arquitetônicos e até bolava esquemas militares para derrotar os inimigos de seus mecenas.

Como a vida do Leonardo era intimamente ligada à dessa gente, muitas vezes ele foi testemunha das tramoias e patifarias que rolavam entre os mandachuvas das cidades-Estado.

Enquanto estava em Florença, era o todo-poderoso Medici que ele tinha de aguentar e paparicar.

Leonardo da Vinci e seu supercérebro

Os megarricaços Medici

O clã dos Medici (pronuncie "méditchi") era o mais rico e mais poderoso da cidade. O sobrenome, que significa "médicos", leva a crer que os ancestrais dos Medici exerceram a medicina. Com o passar do tempo, enriqueceram e largaram esse ofício, tornando-se grandes comerciantes e banqueiros internacionais.

Lorenzo dei Medici (1449-1492)
Lorenzo dei Medici (em português, Lourenço) tinha apenas vinte anos quando seu pai morreu e ele assumiu, com o irmão, o governo de Florença. Lourenço era o protótipo do Medici empreendedor e mandão. Era craque em futebol, escrevia poemas, compunha canções, adorava caçar e pregar peças nos outros, e se vestia sempre na última moda. Gastava um dinheirão em festas, arte e... festas, basicamente, em festas.

Giuliano dei Medici (1452-1478)
Como seu irmão Lourenço, Giuliano (em português, Juliano) gostava de mandar e de gastar dinheiro, mas nunca chegou a ser um tirano tão importante quanto o irmão — mesmo porque teve o triste e desagradável fim que você já vai saber...

Estados Desunidos da Itália

A FOLHA DE FLORENÇA
26 de abril de 1478

MEDICI É ASSASSINADO AO SAIR DA MISSA

Hoje, mal o sino anunciou o fim da missa em nossa linda catedral, a traiçoeira (mas fabulosamente rica) família Pazzi, ajudada por sua corja de amigos, tentou matar ninguém menos que o nosso Lorenzo dei Medici com punhais envenenados. Lorenzo foi ferido no pescoço, mas seu serviçal sugou rapidamente o veneno, salvando sua vida. Seu irmão mais moço, Giuliano, não teve porém a mesma sorte, e foi morto por Bernardo Baroncelli, da gangue dos Pazzi*.

O tumulto que se seguiu foi total. Pessoas berravam e cavalos galopavam de um lado para o outro da praça, mas felizmente a guarda conseguiu prender quase todos os assassinos. Passaram uma corda no pescoço do maldito Pazzi e atiraram-no de uma janela bem alta. Acompanhou-o, logo em seguida, ninguém menos que o arcebispo de Pisa! Sim, senhores, ele também participou do atentado! O mais extraordinário disso tudo é que os dois assassinos estavam dando o último suspiro quando repentinamente o arcebispo rodopiou na corda e tascou uma senhora mordida no peito do Pazzi!

---

* Os Pazzi eram outra grande família de banqueiros europeus. Se fosse hoje, era como se a diretoria de um grande banco tentasse assassinar a diretoria de um outro na frente da catedral de Brasília.

Caderno perdido do Leo 1478

27 de abril de 1478
O assassinato de ontem na catedral foi espetacular. Por sorte eu estava passando por lá, bem na hora. Nem é preciso dizer que circulei por toda a praça desenhando as expressões espantadas e horrorizadas da multidão. Não ia perder uma oportunidade dessas!

30 de abril de 1478
Hoje está mais calmo por aqui. Dizem que a confusão na catedral aconteceu porque o papa não conseguiu levantar uma grana com os Medici, daí apoiou o complô dos Pazzi para matar Lorenzo e Giuliano.

2 de junho de 1478
Muitos conspiradores da catedral já foram pegos e executados. Uns cem, ao todo. O mais sinistro é que os seus corpos foram pendurados por toda a cidade, como um aviso para

Estados Desunidos da Itália

quem estiver pensando em derrubar Lorenzo. Para dizer a verdade, sinto-me desapontado. Eu esperava que os Medici me encomendassem um grande mural da execução para a parede principal da prisão. Mas Botticelli é quem recebeu a encomenda! E ainda vai embolsar quarenta florins de ouro! Ele também tinha ficado com o retrato de Giuliano dei Medici (antes do assassinato, claro).
A vida é assim!

A FOLHA DE FLORENÇA
18 de dezembro de 1479

O ASSASSINO DO MEDICI RECEBE O CASTIGO MERECIDO

A sórdida trama diante da catedral, em abril de 1478, chega por fim ao seu desenlace. Bernardo Baroncelli, o canalha que matou nosso amado Giuliano dei Medici, foi enforcado hoje. Ao que parece, depois de cometer o assassinato, Bernardo se escondeu na catedral, enganando todos os que o procuravam do lado de fora. Quando a multidão dispersou, ele montou em seu cavalo e saiu da cidade para embarcar num navio para a Turquia. Mas, como nosso estimado Lorenzo ofereceu uma recompensa para quem o entregasse, vivo ou morto, os turcos o capturaram e o mandaram de volta. Agora ele está morto como merecia.

Caderno perdido do Leo 1479-1480

18 de dezembro de 1479

Hoje fui assistir ao enforcamento de Bernardo Baroncelli. Foi interessantíssimo. Para ficar pendurado na corda, o signor Baroncelli usou um gorro marrom e um casaco azul forrado com pele de raposa e ornado com fitas de veludo vermelho e preto, combinando com uma jaqueta de sarja preta e uma calça de malha, também preta. Elegante de morrer! (Adoro anotar esses detalhes.) Como eu sempre digo, é só abrir os olhos que não faltam coisas para se ver na vida (e na morte, aliás). Também fiz este desenho enquanto ele balançava na ponta da corda. Como ele se remexia muito, errei um pouco o ângulo da cabeça, e desenhei de novo, por via das dúvidas. Lorenzo prendeu o sobrinho do papa. Pressinto mais confusão em breve!

6 de janeiro de 1480
Mamma mia! O cara que traz meu minestrone acaba de contar que Florença entrou em guerra contra o papa! Mas ele disse que Lorenzo foi esperto: conseguiu o apoio do rei de Nápoles. Por conta dessa jogada genial, todo mundo o chama agora de Lorenzo, o Magnífico. Que coisa! A Itália parece controlada por maníacos do poder, que vivem puxando o tapete um do outro. Não é possível saber quem está tramando com quem e contra quem! É mole viver num tempo destes?

7 de janeiro de 1480
Segui este sujeito o dia todo. Ele tem a cara mais incrível que já vi. Queixo enorme, nariz grande, olhos arregalados. Não conseguia parar de olhar para ele! Andei atrás dele horas a fio, tomando notas na cabeça, para poder desenhá-lo quando voltasse para casa. Aqui está!
O caso é o seguinte: muitas vezes, as caras feias são as mais interessantes.

Aprendendo com o Leo

Desenhar caras: Observe bem a fisionomia de um monte de gente esquisita.

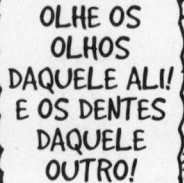

OLHE OS OLHOS DAQUELE ALI! E OS DENTES DAQUELE OUTRO!

Memorize todos os diferentes formatos de cabeça, boca, olhos, pescoço, queixo etc. E faça um levantamento geral dos narizes, como eu!

OS ESTRANHOS NARIZES REPERTORIADOS POR LEONARDO. QUAL DELES É O SEU?

O rosto de alguém sentado no vão escuro de uma porta qualquer sugere ótimos temas para pintura. A luz forte de fora e a escuridão profunda de dentro produzem um vivo contraste, o que dá às feições um relevo marcante, ressaltando-as muito bem e conferindo beleza ao rosto.

Estados Desunidos da Itália

Leo fez seu levantamento geral de narizes, bocas, queixos e tudo o mais num de seus caderninhos. Complementando os zilhões de *megabytes* de memória do disco rígido do seu supercérebro, esses cadernos formaram um verdadeiro banco de dados, cheio de maravilhosos desenhos, ideias surpreendentes e notáveis observações — para não falar nas dúzias e mais dúzias de incríveis invenções. Leo disse certa vez:

> *Desde o raiar do dia o ar fica repleto de imagens, que são como ímãs para os meus olhos.*

Ele não conseguia parar de observar cada uma dessas imagens, gravando-as depois em sua poderosa e gigantesca memória.

MAMMA MIA! OLHE SÓ O PENTEADO DAQUELA DONA!

MADONA! QUE RABO ESQUISITO TEM AQUELE GATO! E OS MÚSCULOS DAQUELE CAVALO...

Leonardo da Vinci e seu supercérebro

> SPLASH!
>
> OLHE AS RODAS DAQUELA CARROÇA... ELAS ME DERAM UMA IDEIA!

E você imagina como ele costumava anotar suas ideias?

Anotava tudo numa escrita especular.

Você já vai ver como é... no próximo capítulo...

QUEM TEM CADERNO TEM TUDO

Parece que Leonardo só começou a usar seus cadernos de notas quando tinha por volta de trinta anos. Mas a partir daí, como seu supercérebro navegava de uma ideia a outra sem parar, ele encheu páginas e páginas com desenhos de pessoas, animais, plantas, projetos para máquinas e armas, esboços de instrumentos musicais, listas de livros, e até lista de compras. Por exemplo, num dos seus cadernos, depois de anotações complicadíssimas sobre canais e geometria, vêm estas palavras:

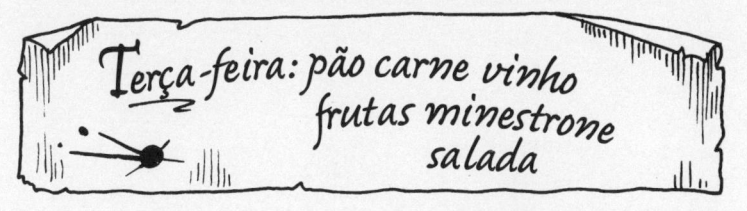

Terça-feira: pão carne vinho frutas minestrone salada

Leo acabou preenchendo nada menos que 13 mil páginas com notas e desenhos de quase tudo o que existe no mundo. Por isso é que ele vivia dizendo que o papel tinha acabado!

Uma das coisas que o Leonardo gostava de fazer antes

Leonardo da Vinci e seu supercérebro

de dormir era se deitar no escuro e imaginar o contorno das diversas coisas que tinha visto durante o dia.

Em seus cadernos ele recomendava isso como um ótimo recurso para gravar as coisas na memória. (Parece bem melhor do que contar carneirinhos.)

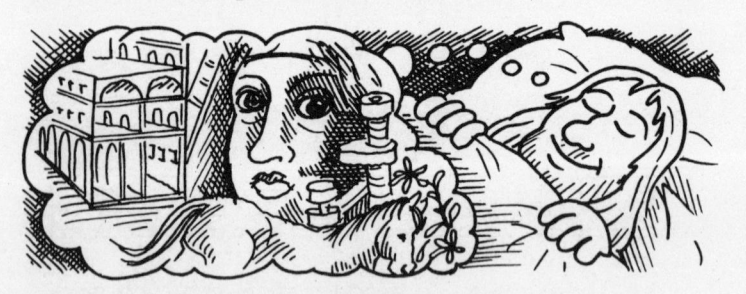

Escrita de caranguejo

O mais curioso é que Leonardo escreveu quase todas essas notas de trás para a frente e da direita para a esquerda. Para ler o texto abaixo, você vai precisar de um espelho (ou de um cérebro superágil).

Ele era o que se chama ambidestro, alguém que é capaz de escrever com as duas mãos. Ao que parece, preferia a mão esquerda, o que lhe causava problemas, porque naqueles tempos não existia esferográfica, e as pessoas usavam penas, que tinham de molhar o tempo todo no tinteiro. Se você escrevia da esquerda para a direita, sua mão esquerda ia se arrastar por cima da tinta fresca, borrando tudo o que você tinha escrito e manchando o seu mindinho.

Códex, um alívio para o seu sufoco

Poucos anos depois da morte do Leo, os preciosos caderninhos, e vários outros papéis em que ele tinha anotado suas incríveis ideias, começaram a desaparecer. Alguns foram vendidos, outros perdidos por falta de cuidado e outros foram caçados por colecionadores de suvenires. No correr dos séculos seguintes, cerca de 6 mil páginas de notas sumiram, mas felizmente outras 7 mil foram reunidas em volumes.

Cada um desses volumes é conhecido como códex, o que, apesar do nome de remédio para tosse, quer dizer um baita calhamaço de páginas, geralmente manuscritas. Esses códices estão hoje em museus e bibliotecas mundo afora e normalmente levam o nome da pessoa ou da organização que os possuía antes de irem para lá. Por exemplo, o *Códex Arundel* tem o nome do lorde Arundel, um colecionador leonardófilo. Já o *Códex Atlanticus* tem o nome das folhas de grande dimensão normalmente utilizadas em atlas e que Leonardo usou para algumas de suas anotações.

Em 1994, o megazilionário da informática, Bill Gates, pagou a mixaria de 30 milhões de dólares pelo *Códex Leicester*, e não demorou muito para sua turma de *nerds* digitalizar o catatau e transformá-lo num CD-ROM, muito simples de manusear. Bill disse que o Leo sempre foi um de seus ídolos e que seus cadernos (os do

Leo, porque Bill usa *notebook*), como os que constituem o *Códex Leicester*, estavam "séculos à frente do seu tempo", porque traziam registros de coisas moderníssimas, como submarinos e helicópteros.

Não foi só Bill Gates que notou o avanço do Leo em relação à sua época. Alguém comentou que Leonardo era "como um homem que acorda bem cedo, enquanto todo o mundo está dormindo". Em outras palavras, os esboços do Leo anteciparam as fantásticas máquinas que seriam criadas na era da tecnologia, que só começaria uns trezentos anos depois de ele ter morrido. Centenas e centenas de páginas dos seus cadernos são cobertas de notas e desenhos de aparelhos, muitos dos quais só puderam ser realizados quando cientistas e craques de outras épocas solucionaram os problemas práticos que impediram Leonardo de realizar esses sonhos.

O professor Pardal da Renascença

Nem todas as ideias do Leonardo eram originais. Às vezes ele pegava inventos de outros caras e os aperfeiçoava. Mas a quantidade de ideias originais que teve é de arrepiar! Várias das suas invenções são armas de guerra, que você vai conhecer na página 132, mas há também projetos de engenhocas destinadas a facilitar o dia a dia das pessoas.

Quem tem caderno tem tudo

Sangue, suor e engrenagens

Leonardo era fascinado por aparelhos mecânicos, como polias, catracas, guinchos, alavancas e engrenagens, e vivia bolando maneiras de incorporá-los a máquinas que facilitassem o trabalho.

Quando ainda eram necessárias horas para cavar o chão com uma pá, ele projetou uma máquina para furar e cavar, que penetraria rapidamente no solo, além de poupar muito suor aos trabalhadores. Funcionaria do seguinte modo: dois homens girariam a barra superior, e a broca gigante iria furando a terra, como um supertatu. Chegando à profundidade desejada, bastaria girar a segunda barra na direção oposta, e a terra cavada seria retirada do buraco.

Aquele carro ali é um Leonardo

Quando inventou um novo modelo de roda, Leonardo estava mesmo anos-luz à frente do seu tempo. Acredita-se que ele tenha projetado o seu automóvel em 1478. Mas apesar de todos os esforços que fez para aposentar os cavalos renascentistas, ainda seriam necessários quatrocentos anos até chegar o dia em que os automóveis começassem a poluir a atmosfera e causar engarrafamentos.

Como se não bastasse inventar o carro centenas de anos antes de ele ser fabricado, a *machina* (pronuncie *máquina*, carro em italiano) projetada pelo Leo ainda por cima era não poluente. O carro seria movido por um conjunto de molas que, pouco a pouco, liberariam energia, mais ou menos como a mola de um carrinho a corda. A força motriz das molas seria transmitida às rodas por meio de uma série de engrenagens.

Quem tem caderno tem tudo

    Leo também projetou um despertador a água, um espeto de churrasco automático, uma porta autofechante, um alimentador de papel para prensas, uma máquina de fazer parafusos metálicos, um sistema de refrigeração de ar e um projetor-ampliador. Eis os desenhos de algumas outras invenções do Leo:

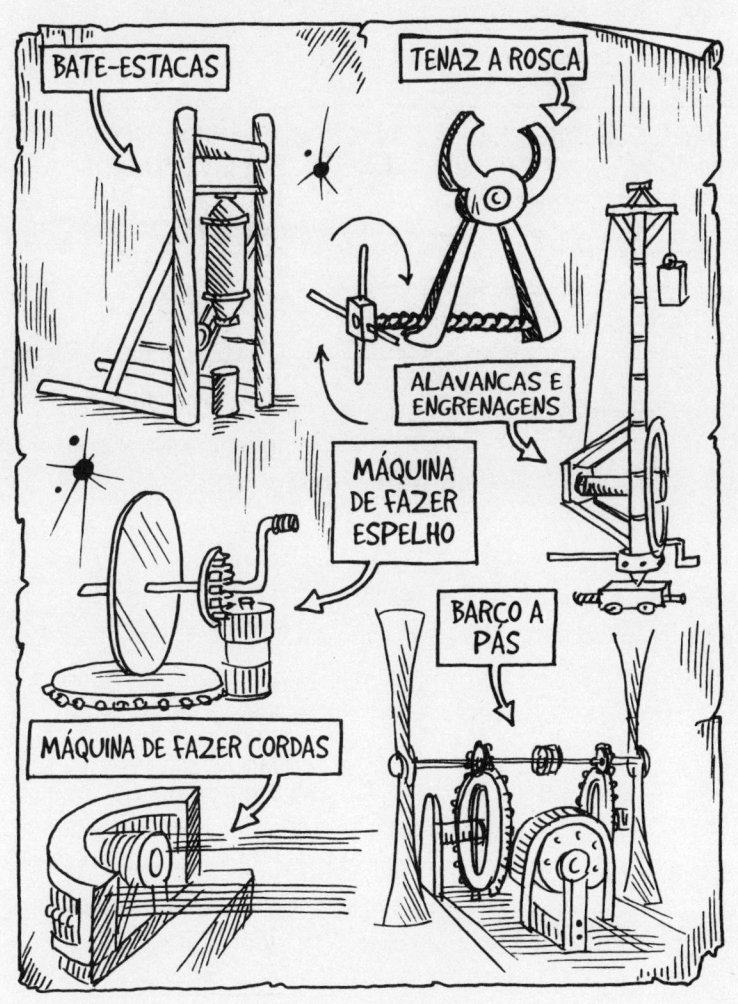

Não sabemos se o Leo chegou a montar protótipos dos seus inventos. Do jeito que sua cabeça vivia cheia de ideias, é bem possível que começasse a bolar outra coisa, antes que arranjasse tempo de montar um protótipo do que acabara de inventar. Em todo caso, mesmo que tivesse montado alguns, provavelmente já teriam virado pó há décadas, devorados por gerações e gerações de esfaimados roedores e insaciáveis insetos.

> O HELICÓPTERO ERA MUITO MAIS GOSTOSO.
>
> DÊ GRAÇAS A DEUS POR ELE NÃO TER INVENTADO A RATOEIRA PERFEITA!

No entanto, nos últimos séculos, uma porção de gente se dedicou a montar protótipos das invenções do Leo, que podem ser vistos em vários museus do mundo.

O renascentista típico

Leonardo é muitas vezes apontado como o típico homem renascentista. Mas isso não quer dizer apenas que ele era um homem que vivia na Renascença. O típico homem renascentista era aquele que não se contentava com um só assunto para pesquisar, mas se interessava pelos vários campos de atividade que empolgavam a sociedade da época. Com tanto interesse, acabava entendendo de um montão de coisas. Como já deve ter dado para perceber, Leo era um cara extraordinariamente versátil, que procurava exercer seu gênio criativo em qualquer campo e entender muito... de tudo.

Quem tem caderno tem tudo

    Essa propensão a ter uma atividade e um saber, o mais abrangentes possível, é bem diferente da preocupação moderna, de se especializar em apenas um ou dois assuntos. Por isso, a expressão "homem renascentista" é utilizada hoje em dia também para designar um sujeito que é craque em vários assuntos. O moderno indivíduo renascentista pode ser alguém que manja muito de arte, mas também de ciência — e, quem sabe, toca sanfona, corre na Fórmula 1, escreve romances e prepara um minestrone de primeira.

> OLÁ, SOU UM HOMEM RENASCENTISTA.　EU TAMBÉM!

    É consenso quase geral que o talentosíssimo Leonardo era mais tipicamente renascentista do que seus contemporâneos. Sua polivalência, somada à sua criatividade, seriam características muito úteis quando ele resolvesse arrumar as trouxas e ir tentar a sorte em Milão...

RENASCENÇA À MILANESA

Em 1482, aos trinta anos de idade, Leonardo mudou-se de Florença para Milão. Ninguém sabe direito por quê. Há quem diga que foi porque os Medici quiseram se aliar aos Sforza, os mandachuvas de Milão, na esperança de que estes os ajudassem na luta contra seus inimigos, e Lorenzo, o Magnífico, achou que, mandando ao duque Ludovico seu mais notável talento, conquistaria sua simpatia. Mas é provável é que Leonardo simplesmente tenha achado que a mudança para Milão daria um bom impulso à sua carreira.

Caderno perdido do Leo 1482

Acabo de chegar a Milão. Que cidade enorme! No mínimo, três vezes maior do que Florença. E muito preocupada com a segurança. Há homens armados por toda parte. As portas da cidade são guardadas por torres gigantescas, e há até um largo fosso, com uma ponte levadiça e uma grade que sobe e desce!

Renascença à milanesa

> *Fui bater perna na rua dos Armeiros. Tem umas cem lojas por lá, e em todas elas se fazem armas e armaduras. O pessoal daqui parece mesmo fissurado numa guerra, mas acho que isso pode até ser bom para mim.*

Embora Milão fosse uma cidade muito maior e mais dinâmica do que Florença, não havia grandes pintores, artífices e escultores por lá. Portanto, estava em Milão a grande oportunidade que Leonardo buscava. Como não era de ficar parado, esperando as coisas acontecerem, Leo tratou de escrever de próprio punho uma carta de apresentação ao duque Ludovico, contando-lhe quão talentoso e genial ele era. Eis mais ou menos o que escreveu:

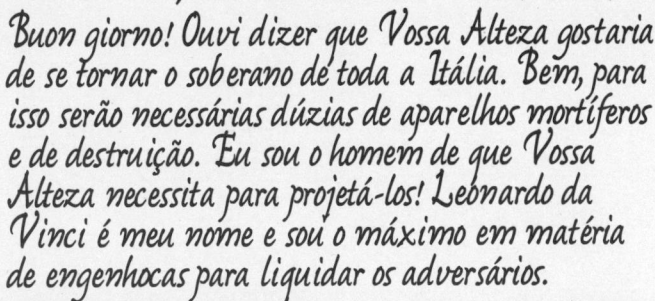

> *Meu caro duque de Milão,*
>
> *Buon giorno! Ouvi dizer que Vossa Alteza gostaria de se tornar o soberano de toda a Itália. Bem, para isso serão necessárias dúzias de aparelhos mortíferos e de destruição. Eu sou o homem de que Vossa Alteza necessita para projetá-los! Leonardo da Vinci é meu nome e sou o máximo em matéria de engenhocas para liquidar os adversários.*
>
> *Veja algumas delas...*

Problemas para atravessar um rio turbulento?

Use as minhas pontes portáteis, são facílimas de instalar.

O inimigo fechou-lhe a muralha?

Arrombe-a com meus infalíveis aríetes. Depois use meu canhão multicanos para acabar de derrubá-las com um mavioso...

BANG! BANG! BANG! BANG!

E se por acaso as coisas se acalmarem um pouco, também posso valorizar seu tempo de paz com esplêndidas obras de arte: tenho mão para escultura e pintura, e sou um ás em arquitetura!

No aguardo de vossa ducal resposta, subscrevo-me.

Atenciosamente,

Leonardo da Vinci

A Natividade natural

Por incrível que pareça (ou nem tanto), Leo não recebeu uma resposta imediata do duque Ludovico, mas não se abalou: tinha certeza de que cedo ou tarde ele se manifestaria.

Renascença à milanesa

E a primeira grande encomenda não foi feita pelo duque, e sim por uns frades franciscanos, que lhe pediram para pintar o quadro conhecido hoje em dia como *Virgem dos rochedos*. No contrato do trabalho, os frades determinaram que a pintura a óleo deveria mostrar: a Virgem Maria num trono, ao lado de Jesus, sobre um estrado dourado; um par de profetas; Deus, vestido de azul e dourado, olhando lá do alto para eles; dois anjos (já viram pintura religiosa sem anjos esvoaçando na tela?); e todo mundo com seus respectivos halos. Em outras palavras, uma pintura religiosa bem tradicional.

Qual não foi a surpresa dos fradinhos quando o trabalho ficou pronto! Não só Leonardo deixou de fora Deus, os profetas, um dos anjos, o trono e *todos* os halos, como pintou o menino Jesus nuzinho, sentado no chão (só faltou o chocalho e a chupeta).

Os frades deviam saber que ninguém virava uma figura célebre da Renascença sem quebrar alguns milhares de regras pelo caminho.

Embora os frades não tivessem gostado muito, o quadro fez sensação em Milão, e Leonardo acabou sendo notado pelo duque Ludovico, que por fim se tornou seu mecenas (isto é, passou a financiá-lo para que pintasse e trabalhasse para ele).

Ludovico Sforza (1451-1508)

O novo patrão do Leo, Ludovico, era o governante do ducado de Milão. Seu apelido era "o Mouro", por ser um bocado moreno. Ele não devia ser o poderoso chefão porque o título de duque cabia, por direito, a seu sobrinho, Giovanni. Mas como Giovanni ainda era criança, Ludovico resolveu governar em nome dele. Quis o destino (e o tio Ludo) que, em 1494, Giovanni morresse de repente em circunstâncias misteriosas, e Ludovico ficasse legitimamente com o cargo.

O duque Ludovico acreditava piamente na previsão do futuro por meio das estrelas, portanto empregava um grande número de astrólogos para lhe dizer o que vinha pela frente. Também acreditava piamente na proteção do seu futuro, e para tal empregava uma enorme quantidade de soldados, espiões e assassinos, sem falar na legião de armeiros e engenheiros militares. Ludovico e seus ancestrais imediatos eram uma gente belicosa, que só chegou aonde chegou adotando a velha política do "mata primeiro e pergunta depois". O avô do Ludovico, por exemplo, passou este útil conselho para seus descendentes:

Nunca bata num criado ou num amigo. Mas, se bater, acabe com ele de uma vez!

Multitarefa em Milão

A Itália renascentista adquiria reputação mundial como uma terra artística, sofisticada e progressista, e Ludovico não queria ficar para trás. Decidiu então tornar-se culto, como seus vizinhos, os Medici, e para isso era preciso ter um homem com o talento do Leo à sua disposição. Desde que pôs essa ideia na cabeça, Ludo não parou mais de pensar em como manter ocupado o seu novo e supercriativo consultor. E notem que o Leo não tinha apenas um cargo no palácio do Ludo — na verdade, estava carregado de cargos!

E AÍ, PATRÃO? O QUE O SENHOR QUER DE SUPERCRIATIVO PRA HOJE?

Leonardo tinha pelo menos esses três cargos:

1. Pintor da corte

Leonardo tinha de pintar retratos lisonjeiros dos parentes e amigos do Ludo. Um dos retratos que fez foi esta pintura da namorada de Ludovico, Cecilia Gallerani, de dezessete anos, conhecido como *Dama com arminho*.

Dizem que Leonardo pediu a Cecilia para pegar o arminho no colo porque o nome do bichinho em grego é *gale*, como a primeira parte do sobrenome da moça. (Já pensou se ela se chamasse Cecilia Vacarani?)

2. Mestre das festividades da corte

Leonardo também era encarregado de planejar peças e apresentações musicais, desenhar cenários e figurinos e, em geral, garantir que todos se divertissem nas festas que o duque Ludo costumava dar. Quando o sobrinho de Ludovico, Giovanni, se casou com a neta do rei de Nápoles, Ludo resolveu dar a ele uma festa de casamento com tema astrológico; Leonardo organizou então uma verdadeira extravagância astral, envolvendo todo tipo de truques e equipamentos. Depois de encherem a cara e o bucho no banquete, o duque e seus convidados foram ao teatro ver o que Leonardo havia preparado para eles. E não ficaram desapontados. Quando a música começou a tocar, o pano subiu revelando uma cadeia de montanhas no palco. O palco começou a girar e as montanhas se abriram, formando uma abóbada brilhante que parecia um céu estrelado. Dispostos nesse céu, atores vestidos como os sete planetas giravam graciosamente, enquanto outros vinham à boca de cena declamar elogios à noiva.

3. Engenheiro-geral e mestre de obras

Era uma época movimentada no ducado de Milão. Grandes edifícios eram construídos, novos projetos de transportes começavam a ser realizados e os preparativos para uma eventual guerra eram constantes. Leonardo tinha de coordenar a construção de canais, fazer os projetos arquitetônicos adicionais para a nova catedral e supervisionar o derramamento de chumbo derretido nos moldes das balas de canhão.

Mas não foram apenas as encomendas do duque Ludo que mantiveram o fluxo criativo do Leo a mil. Não fazia muito tempo que ele estava em Milão, quando os acontecimentos levaram-no a pensar em projetos ainda maiores e mais ousados!

TRIBUNA MILANESA

primavera de 1485

PESTE NEGRA DEVASTA O DUCADO

A peste está de volta! Nossos cidadãos estão morrendo como moscas. E como os coveiros se aproveitam da oportunidade para faturar alto, há corpos apodrecendo por toda parte, pois os parentes não têm como pagar um enterro tão caro. Homem sensível, nosso sábio e nobre soberano, o duque Ludo, se mandou para sua casa na montanha.

Se um dos seus entes queridos tiver o azar de pegar a peste, siga as recomendações de sempre: mantenha-o longe das outras pessoas, queime suas roupas de corpo e de cama, e reze para que você e os outros familiares escapem! Esperamos que seja um surto menor, de uma ou duas semanas apenas.

Caderno perdido do Leo 1485

Um terrível desastre assola Milão. Dezenas de milhares de pessoas já morreram. É impossível dar meia dúzia de passos sem topar com algum pobre coitado, vítima da maldita peste.

Renascença à milanesa

> Há mortos e moribundos por toda parte. Não é de espantar que as coisas tenham chegado a esse ponto. A gente desta cidade fedorenta vive mais amontoada do que ganso em dia de feira. Tem sujeira por toda parte, e o ar que respiramos fede a morte e doença! O que Milão necessita é de uma gigantesca e definitiva reforma. Sou a pessoa indicada para projetá-la!

A supercidade do Leo

Leo aplicou seu supercérebro e sua fantástica imaginação arquitetônica na solução dos problemas de saúde e superpopulação de Milão. O resultado foi todo tipo de projetos e maquetes...

Ele chegou à conclusão de que o único jeito era reconstruir toda a cidade na margem do rio. Para dar uma sensação de ordem e amplitude, a nova Milão se estenderia sobre uma área muito maior do que a velha e seria dividida em dez cidades separadas. Toda a área seria cortada por canais, de modo que as pessoas pudessem regar seus jardins com essa água e se movimentar em barcos (e, quem sabe, ir nadando para o trabalho nos dias de sol quente). Em intervalos regulares ao longo dos canais, haveria comportas com enormes rodas hidráulicas despejando jorros regulares de água, o que permitiria aos milaneses manter as ruas sempre limpas.

A cidade maravilhosa do Leo, cheia de encantos mil, seria construída em dois níveis. No nível superior ficariam as residências dos figurões: Leo, o duque e seus cupinchas. No nível inferior, as lojas, as oficinas e as residências do povão. Todos os edifícios públicos teriam escadas em espiral, para que os porcalhões não pudessem despejar nem fazer suas porcarias nos cantos escuros, como adoram fazer junto das escadas comuns.

Renascença à milanesa

Finalmente, para o bem de todos e felicidade geral do ducado, haveria banheiros públicos em toda parte, todos baseados no projeto do Leo.

> **O WC DO LEO**
>
> VÁRIOS FUROS NO TETO... PARA A CATINGA SAIR, CLARO!
>
> ASSENTO QUE SOBE AUTOMATICAMENTE DE VOLTA

Cada macaco no seu galho?

Há quem pense que é politicamente incorreto o Leo considerar que o povão não merece viver no andar de cima da cidade ideal. Mas, como todo mundo na época, ele também achava que as pessoas nasciam ou para ser brilhantes, criativas e empreendedoras, ou para ser burras, incompetentes e imprestáveis, e que cada um sabia muito bem qual o seu lugar na sociedade. Aliás, referindo-se certa vez às pessoas comuns, Leo escreveu:

> *Muitos deles não contribuem com nada para o mundo, a não ser com os dejetos do seu corpo.*

(Só que ele não disse isso de uma maneira assim tão educada...)

Leonardo da Vinci e seu supercérebro

   Leonardo nunca viu seu projeto de supercidade transformar-se em tijolos e argamassa. A peste terminou e os sobreviventes continuaram com seus porcos costumes. Mas talvez Leo não tenha ficado tão chateado assim porque, a essa altura, seu supercérebro já estava absorvido na elaboração do seu novo grande projeto. E era de fato um GRANDE projeto!

O CAVALO DE BATALHA DO LEO

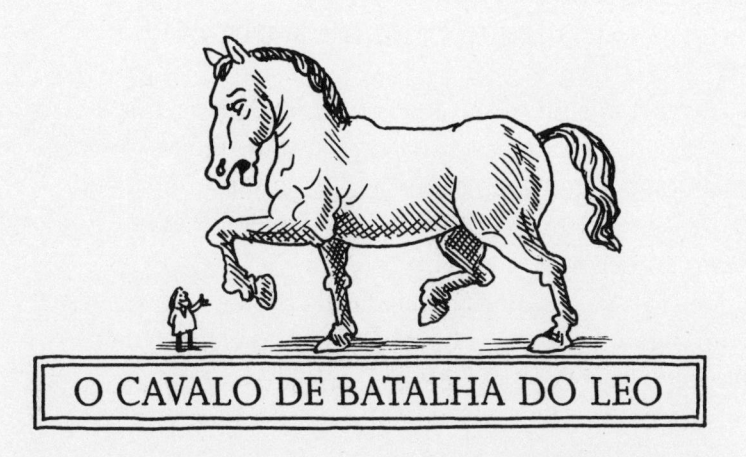

É comum indivíduos famosos serem esquecidos depois que morrem, a não ser que deixem algo que os faça ser lembrados. Pintores, cientistas e músicos deixam suas pinturas, invenções e músicas, mas de políticos e guerreiros não costuma sobrar nada, salvo cidades saqueadas, países quebrados e promessas não cumpridas. Para que seu pai, Francesco, fosse lembrado por todos os séculos (e para dar aos pombos de Milão um bom poleiro), Ludovico Sforza queria que alguém criasse uma enorme estátua de bronze do pai montado num gigantesco cavalo. Só o cavalo teria nada menos do que sete metros de altura, o que faria dela a maior escultura de metal fundido já criada.

IDEIAS PARA MONUMENTOS

Veado enorme X
Rato gigante X
Macaco grande X
Furão imenso

Leonardo da Vinci e seu supercérebro

Faça você mesmo a sua escultura de bronze

Faça uma magnífica escultura de bronze de seu gato, cachorro, namorada, namorado ou ídolo, no estilo dos grandes escultores renascentistas.

Material necessário:
Uma bigorna, algumas toneladas de bronze, gesso a dar com o pau, meia dúzia de auxiliares experientes (de preferência, artesãos do século XV), argila para modelar, um forno enorme, cera pra caramba (de ouvido não serve), martelo e talhadeira, serra, muitas tiras de ferro, um cadinho, roupa protetora, um guincho poderoso — e um bom seguro de vida.

Como proceder:
1. Sobre uma tábua de metal, faça em argila o modelo do que vai ser representado.

2. Cubra o modelo de argila com a cera.

O cavalo de batalha do Leo

3. Prenda alguns tubos de cera no seu modelo. Não me pergunte por quê! Faça o que digo e pronto!

4. Envolva seu modelo em gesso úmido para fazer o molde. Os tubos de cera devem ficar com uma ponta para fora do gesso, quando este endurecer. Prenda os blocos de gesso em volta do molde com tiras de ferro moldadas na bigorna.

5. Ponha o molde de gesso no forno para que toda a cera derreta. Agora você vai ver a esperteza: os tubos de cera vão derreter, deixando em seu lugar buracos pelos quais a cera interna vai sair. Confira!

6. Agora o molde de gesso ficou oco por dentro, e esse oco é da forma exata do seu modelo.

7. Cave um buraco bem grande no chão, e com o guincho, ice o molde e enterre-o no buraco.

8. Aqueça o bronze no cadinho. Quando tiver aquecido tanto que ficou amarelo, quase branco, e mole, mas mole mesmo, derrame-o num furo no topo do molde.

Atenção! Bronze derretido é perigosíssimo. Se houver alguma mudança de tempo ou de temperatura, ou se tiver entrado umidade no molde, é grande a probabilidade de tudo explodir, dando em você e nos seus ajudantes um banho de metal fervendo. (Em parte, é por isso que se enterra o molde.)

9. Vá à taverna com seus auxiliares, comer queijo e azeitona e beber vinho (tinto). Fique por lá até achar que o treco já esfriou.

O cavalo de batalha do Leo

10. Volte para o ateliê e, com o guincho, retire o molde do buraco. Quebre todos os blocos de gesso com o martelo e a talhadeira.

11. Agora você deve ter uma linda réplica em bronze do seu modelo. Serre os tubos que se formaram e remova qualquer outra irregularidade.

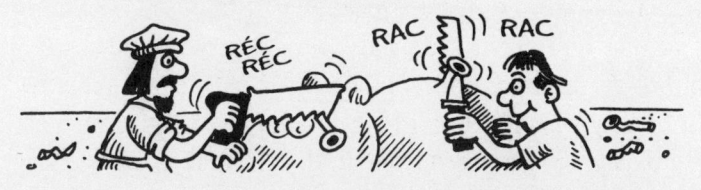

12. Dê em sua obra-prima um bom polimento e, se achar necessário, grave alguns toques decorativos.

Leonardo era a pessoa certa para fazer o cavalo gigante, mesmo porque adorava esse animal. E, rico e poderoso como era, o duque Ludo tinha estábulos cheios de supercavalos (assim como os bilionários de hoje têm garagens cheias de carrões) para Leo estudar seus modelos. Na etapa preparatória, ele desenhou e mediu os cavalos, depois registrou as diversas formas como andavam, trotavam, galopavam ou descansavam. Chegou até a dissecar alguns, para descobrir como funcionavam por dentro e como as diferentes partes do seu corpo se articulavam.

> MONTAR ELE JÁ SABIA. AGORA CISMOU DE DESMONTAR.
>
> OPA!

Por fim, Leonardo achou que já tinha esboços e notas suficientes para começar o trabalho no colossal modelo de argila, que serviria de base para o molde. Dez anos depois de muito umedecer, socar e alisar, o modelo de argila ficou pronto. Em 1493, Leonardo exibiu-o no pátio do *castello Sforzesco* (castelo dos Sforza), para que os milaneses pudessem admirar o maravilhoso animal e exclamar coisas assim:

> OOH!
> AHA!
> OLHA! ELE REPRESENTOU ATÉ O COCÔ DO CAVALO!
> NÃO DIGA BESTEIRA, BENHÊ! É SÓ UM RESTO DE ARGILA!

O cavalo de batalha do Leo

Em 1494, quando parecia que o sonho do gigantesco pocotó finalmente viraria realidade, os franceses invadiram a Itália. Para defender seu ducado, Ludovico precisou usar todo o bronze da cidade para fazer canhões, e o projeto da estátua foi para a gaveta! O gigantesco modelo de argila foi deixado onde estava até que, em 1499, na segunda partida de França versus Milão, os franceses, vitoriosos, invadiram a cidade e seus arqueiros resolveram exercitar a mira no cavalo de Leonardo.

E AQUELE ALI É O BELO E GIGANTESCO, A-HAM, PORCO-ESPINHO DO LEONARDO!

Epílogo
O supercavalo acabou sendo feito. Mas não por Leonardo. Quando a estátua foi inaugurada, fazia quase quinhentos anos que o Leo tinha morrido. Por volta de 1970, um ricaço americano, louco por arte, ouviu a história do cavalo gigante e resolveu contratar especialistas para fazer não uma, mas duas réplicas de bronze, em tamanho original! Valendo-se de séculos e séculos de técnicas de moldagem e fundição do bronze, os especialistas conseguiram realizar a magnífica obra imaginada por Leonardo. Uma das estátuas foi mandada nos anos 1990 para Milão, como tributo ao gênio de Leonardo e à maravilha que foi a Renascença italiana; a outra foi para um parque de esculturas em Michigan, nos Estados Unidos.

Caderno perdido do Leo 1489-1490

1489
Ocupadíssimo, como sempre! E também ansiosíssimo, porque: a) um francês que conheci prometeu me dizer qual o tamanho do Sol... e b) acaba de sair em italiano um ensaio astronômico de Aristóteles, o grande filósofo grego. Estou louco para ler! Também venho trabalhando numas ideias interessantes: um aparelho para esvaziar valas

um abajur de luminosidade variável

e esta poltrona que alivia as dores de quem senta.

AHH!

O cavalo de batalha do Leo

Lista de coisas a fazer nesta semana

1) Medir o castelo Sforzesco (assim que tiver um tempinho livre).
2) Descobrir como fazer um canhão.
3) Perguntar ao signore Portinari como as pessoas em Flandres fazem para correr no gelo.
4) Descobrir como construir represas, e quanto custa.
5) Comprar minestrone.

12 de julho de 1490

Arranjei um novo empregado. Tem dez anos, cabelos negros e cacheados e se chama Giacomo. Morava na rua, todo esfarrapado.

10 de agosto de 1490

Giacomo está revelando-se um transtorno! Mandei meu alfaiate fazer roupas para ele, mas o danado roubou o dinheiro que eu tinha tirado do cofre para pagar a roupa! Ele nega, é claro, mas sei que foi ele. Troquei seu nome para Salai, que significa "diabinho".

> **18 de setembro de 1490**
> Semana passada estávamos nos preparando para um supertorneio, cujos participantes iriam vestidos com fantasias desenhadas por mim. Enquanto os cavalariços experimentavam suas fantasias de selvagens, Salai roubou o moedeiro de um deles. Esse menino está me enlouquecendo!

O estilo de vida de Leonardo

Como era de se esperar, tratando-se de um sujeito tão especial, Leo tinha opinião formada sobre tudo. E, claro, suas atitudes e gostos influenciavam bastante a maneira como organizava sua vida e se relacionava com as outras pessoas (para não falar do seu relacionamento com bichos de pelo e pena).

Vida familiar

Leonardo nunca se casou nem teve filhos, porque preferia gastar sua grana com os amigos. A partir dos 39 anos, viveu na companhia do pequeno Salai (que depois virou o grandalhão Salai). E, apesar de o garoto viver aprontando as piores encrencas, Leonardo tratava-o muitíssimo bem: Salai comia do bom e do melhor, ganhava roupas finas e muita atenção. Dizem que Leonardo tentou ensiná-lo a pintar, mas o garoto tinha tão pouco jeito para a coisa que Leonardo desistiu e fez dele seu ajudante. Vinte anos depois de ter vindo morar com Leo-

O cavalo de batalha do Leo

nardo, Salai continuava deixando seu patrão maluco com seu mau comportamento. Mas, em vez de botá-lo no olho da rua, Leo um dia chamou-o e disse:

> *Salai, vamos fazer as pazes. Chega de guerra. Eu desisto!*

Todas as criaturas: grandes e pequenas

Leo sempre foi fascinado por bichos, e pode até ser considerado uma espécie de precursor dos vegetarianos e dos protetores de animais. Com o intuito de praticar suas boas ações, ele costumava ir ao mercado local, onde sempre havia uma porção de gaiolas cheias de aves à venda. Naqueles tempos, as pessoas adoravam ter aves canoras na frente de casa. Leo então comprava gaiolas e mais gaiolas, cheias de passarinhos (desde que não fossem muito caros) e libertava-os imediatamente depois.

> ATÉ PRA SEMANA, SEU DA VINCI.

Ele também meteu na cabeça que não estava certo fazer os animais sofrerem, só porque os humanos queriam se entupir de costeleta de porco ou pernil de cordeiro. Resolveu virar vegetariano, preferindo comer salada, cogumelo e seu amado minestrone.

Esses padres enchem a paciência!

> UM DIA, LEONARDO ESTAVA PINTANDO NO SEU ATELIÊ, QUANDO UM CARA ENTROU E COMEÇOU A JOGAR ÁGUA NAS SUAS PINTURAS!
>
> EI! O QUE VOCÊ ESTÁ FAZENDO?
>
> SPLASH!
>
> BENZENDO AS PINTURAS COM ÁGUA BENTA, FILHO. VOU BENZER TODAS AS CASAS DA RUA, HOJE.
>
> ELAS NÃO PRECISAM DE BÊNÇÃO! JÁ SÃO MAIS QUE CELESTIAIS ASSIM!
>
> LEONARDO NÃO GOSTOU NADA
>
> QUANDO O PADRE IA SAINDO, LEO SUBIU RAPIDINHO E PEGOU O BALDE
>
> ISSO É PARA VOCÊ APRENDER A NÃO METER O NARIZ ONDE NÃO É CHAMADO!
>
> SPLASH!

Não se espante com o fato de o Leo ter jogado água no padre. Ele não era mesmo fã da padralhada do seu tempo. Olhe só o que ele disse sobre esses caras:

O cavalo de batalha do Leo

> *Falam demais e cobram caro demais. Ficam fazendo corpo mole nos palácios e dizem que é porque Deus quer. Pior ainda, enganam os pobres fazendo-os aceitar a vida pavorosa que têm aqui na terra em troca da promessa de que um dia vão para o Paraíso, onde serão felizes para sempre.*

Considerando o tipo de coisas que os papas e seus cupinchas faziam na época, como perdoar os pecados das pessoas se elas dessem dinheiro para a Igreja, não é nem um pouco surpreendente que Leonardo tenha dito algo assim!

Leo até podia achar que o clero era o fim da picada, mas o fato é que costumava precisar dos padres para pagar suas contas. O tal cavalo gigante não foi o único projeto-monstro que ele iniciou durante sua temporada em Milão. Para ganhar a grana de que necessitava para viver, também se dedicou a fazer um imenso quadro, retratando um jantar bastante célebre...

UMA CEIA AZARADA

A *Última ceia* é a única pintura de Leonardo que continua exatamente no mesmo lugar em que ele a pintou. O que não tem nada de extraordinário, considerando que ele a fez na parede de um refeitório, no mosteiro de Santa Maria delle Grazie, em Milão. O duque Ludovico havia recomendado Leo aos monges e há tempos vinha insistindo com ele para que fizesse um mural da *Última ceia*. Leonardo começou a trabalhar na obra em 1495. É muito adequada para um refeitório, pois mostra Jesus e seus discípulos comendo sua última refeição antes da crucificação. (É a refeição durante a qual Jesus lhes diz que um deles o trairia em breve.)

Essa celebérrima pintura tem a gigantesca dimensão de 4,6 metros de altura por 8,8 de comprimento. Fica a dois metros do chão; por isso, para pintá-la, Leonardo teve de mandar erguer um andaime. Um dos detalhes geniais da *Última ceia* é a maneira como Leonardo utilizou a perspectiva para guiar o olhar do observador pelo quadro até fixar-se no rosto de Jesus, apesar de a obra estar bem acima do nível dos olhos.

Uma ceia azarada

Quando Leonardo se dedicava a um novo projeto, mergulhava nele de corpo e alma. Eis mais ou menos o que uma pessoa que o viu pintar a *Última ceia* disse sobre como Leonardo considerava seu trabalho:

Ele chega aqui de manhã cedo, sobe no andaime e começa imediatamente a pintar. Às vezes fica lá em cima de sol a sol, sem largar o pincel, esquecendo-se de comer e de beber, pintando sem parar um segundo! Em compensação, às vezes passa três ou quatro dias aqui, sem tocar na pintura. Fica horas a fio, de braços cruzados, apenas olhando para ela e pensando! Uma vez, por volta do meio-dia, quando o sol estava a pino, chegou aqui vindo de Corte Vecchia (onde estava fazendo seu gigantesco cavalo de argila), subiu no andaime, pegou o pincel, deu duas ou três pinceladas, desceu e sumiu!

Que coisa, não? Mas, algum tempo depois, surgiram problemas que atrapalharam a continuidade do trabalho...

> **Caderno perdido do Leo 1497-1498**
>
> **1497**
> A Última ceia está indo bem, apesar desses monges que não param de reclamar! Já terminei onze apóstolos, só falta o Judas. Fiz seu corpo, mas não consigo encontrar um modelo com um rosto que caia bem no odioso traidor!
>
> **1497 (alguns meses depois)**
> Ainda estou procurando um rosto para o Judas. Os monges estão reclamando de novo! O chefe deles, o prior, foi falar com o duque Ludovico, para saber <u>quando é</u> que eu ia acabar e se queixar de que meu andaime está atravancando seu refeitório. Quando Ludovico me contou, eu lhe disse que não passava um dia sem que eu trabalhasse por duas horas na pintura.
>
> **1498**
> O prior foi novamente falar com o Ludo e não só reclamou que um ano inteiro havia se passado sem que eu tocasse na pintura, mas que só fui lá

Uma ceia azarada

uma vez nesse ínterim. O que é a pura verdade! Mas eu disse ao Ludo que continuei trabalhando nela duas horas por dia, como sempre. Ele não entendeu! Tive de explicar que mesmo quando o artista não aparece, continua trabalhando... na cabeça! E na busca de um modelo adequado para a cara do Judas, bati perna o ano todo pela parte mal-afamada da cidade, onde todos os facínoras e ladrões se escondem, observando a cara deles. Disse a Ludo que, se eu não conseguisse um sujeito bem mal-encarado para o Judas, usaria as fuças do prior mesmo. Ele quase arrebentou de tanto rir!

1498 (alguns meses depois)

Finalmente encontrei o malvado e terminei a cara do Judas. Portanto, a Última ceia está concluída. É finita! De uma vez por todas!

Bem, isso era o que Leonardo pensava. Mas as coisas não correram do jeito que ele imaginava.

Leonardo da Vinci e seu supercérebro

Um bom jantar arruinado

A maioria dos artistas italianos da Renascença criou murais com a técnica do afresco, que consiste em usar tinta solúvel em água sobre o gesso fresco. Essa técnica requer um planejamento cuidadoso, e o artista não pode hesitar ao pintar porque...

Isso não tinha nada a ver com o estilo do Leo. Ele gostava de se demorar nas figuras, às vezes repintando-as várias vezes, parando volta e meia para pensar no que estava fazendo. Como sabia disso, resolveu criar o afresco aplicando uma têmpera bem espessa numa dupla camada de gesso. Mas, por algum motivo, ele não se deu ao trabalho de testar o novo método antes de empregá-lo na imensa obra. Para piorar as coisas, imagina-se que a parede estava com um problema de umidade. Assim, após três anos de planejamento, trabalho duro e monges reclamando, a bela pintura começou a se desintegrar, diante dos olhos de todos!

E isso não era tudo: uma série de outros desastres começou a vitimar a pintura, inclusive as várias tentativas de borra-botas bem-intencionados que tentaram dar um jeito na situação.

Uma ceia azarada
1499 Umidade e poeira começam a danificar a pintura, mal Leonardo a termina.
1500 O refeitório é inundado. O mofo sobe pela parede e começa a deteriorá-la.
1503 A pintura começa a descascar, caindo mais depressa do que folha morta no outono.

> IRMÃO ANTÔNIO, VOCÊ TEM DE DAR UM JEITO NA SUA CASPA!

1556 A *Última ceia* está tão deteriorada que é descrita como nada mais que uma bela mancha na parede e um monte de bolhas.
1624 É aberta uma porta na parede, dando para a cozinha do mosteiro. Bem onde ficavam os pés de Jesus e a toalha de mesa! Depois foi tapada, mas dá para ver a marca... E os pés de Jesus não reapareceram!
1700-10 Foram feitas duas tentativas de restaurar partes da pintura, mas os restauradores estragaram mais do que

consertaram, pois retiraram pedaços inteiros da pintura e repintaram em seus próprios estilos.

> HUM... ACHO QUE É QUASE ISTO!
>
> QUER SABER, NÃO ACHO QUE VOCÊ TENHA CAPTADO O ESTILO DO LEONARDO.

1796 Durante a conquista da Itália, as tropas de Napoleão usaram o refeitório para armazenar forragem para os cavalos (mas não foi Napoleão quem mandou). Dizem também que a diversão dos soldados era acertar pedradas na cabeça dos apóstolos.
1800 O refeitório é inundado outra vez.
1820-1908 Três outras tentativas de remendar a pintura são feitas.
1946 Uma bomba cai no telhado do refeitório durante a Segunda Guerra, mas a *Última ceia* escapa incólume, protegida por uma parede de sacos de areia.

A *restauração de milhões de liras*

Em 1977, o governo italiano contratou um grupo de peritos para restaurar a *Última ceia* e restituir-lhe a glória de outrora. Os restauradores rasparam cuidadosamente toda a pintura e toda a cola dos remendos anteriores. Depois, milímetro por milímetro, camada por camada, pincelada por pincelada, o que restava da pintura original começou a reaparecer. Os peritos só terminaram o trabalho vinte anos depois! Isso mesmo! Levaram quase

Uma ceia azarada

dez vezes mais tempo para restaurar a *Última ceia* do que Leonardo para pintá-la! Hoje está em exibição, mas só por quinze minutos de cada vez e para grupos de no máximo 25 pessoas (que têm de conter a respiração o tempo todo em que estiverem admirando-a). Carpetes especiais que absorvem o pó e filtros de poeira foram instalados para que o ar permaneça livre da sujeira que havia estragado a pintura. Mas alguns especialistas dizem que tanto se mexeu na pintura nesses quinhentos anos, que ela não é mais um Leonardo autêntico.

Como pintar uma magnífica obra-prima no estilo de Leonardo da Vinci

Material necessário: uma paleta, pincéis, papel, lápis, carvão ou pastel preto, tinta a óleo, óleo de linhaça, uma parede ou um grande painel de madeira, um treco pontudo (serve um alfinete), panos para limpar, uma barba branca bem comprida (opcional, mas muito útil para limpar pincel) e alguma inspiração.

Como proceder:
1. Faça vários esboços e estudos preliminares das coisas que vai pôr no seu quadro, até sentir que domina bem o tema.

2. Junte todas as suas ideias numa pequena composição. Copie sua composição em folhas grandes de papel, formando um cartão (ver página 52) do mesmo tama-

nho que será a obra-prima. Leonardo costumava colar várias folhas de papel, porque não era fácil arranjar cadernos de desenho do tamanho de uma parede (e até hoje continua não sendo).

3. Prenda seu cartão no painel de madeira ou na parede. Depois, com o alfinete ou o treco pontudo, faça furinhos no contorno do seu desenho.

4. Esfregue pó de carvão nos furinhos, de modo que passe por eles e marque a parede ou o painel.

5. Retire o cartão. Sua obra-prima estará delineada por um monte de pontinhos pretos. (Não se dê ao trabalho de ligá-los.)

Uma ceia azarada

6. Se a pintura for na madeira, use uma cor neutra, de terra, como o marrom, para pintar a base. Esse é um velho método de pintura a óleo, pelo qual você cobre as formas principais da sua obra e modela-as (fazendo-as parecer tridimensionais) usando cores mais escuras nas partes sombreadas e cores mais claras nas partes mais luminosas.

7. Quando a base marrom estiver seca, pode começar a colori-la, aplicando veladuras (não confundir com velas duras). Veladura, ou velatura, são camadas finas, quase transparentes, de tinta bem diluída em óleo de linhaça. Os artistas do século XV pintavam camada sobre camada dessas veladuras para criar cores lindas e vivas.

8. Agora faça os claros da pintura (os pontos em que a luz incide no objeto) com tinta branca ou uma cor misturada com branco.

9. Recue e admire sua obra-prima — mas não lhe dê um título, em hipótese alguma.
10. Nem assine!

Dicas: quando você estiver trabalhando, não fique muito encucado com a técnica, deixe seu gênio criativo fluir livremente (mas não precisa deixá-lo fluir no tapete persa da sala).

Enquanto espera a base e as veladuras secarem, faça alguma coisa bem futurista e útil, como o Leo: invente, por exemplo, uma máquina do tempo ou um motor movido a água.

Caderno perdido do Leo 1499

Primavera de 1499

Estou levando uma vida e tanto, aqui em Milão. Tudo muito bom. Consegui juntar um senhor pé-de-meia e fiz vários trabalhos importantes, pesquisas e experiências. Melhor ainda, Sua Ludeza me deu um lindo vinhedo nos arredores da cidade. Penso em construir uma casa lá. Só tem um probleminha: ouvi dizer que o rei Luís XII da França está íntimo do doge de Veneza. E isso pode não ser nada bom para o duque Ludo.

Uma ceia azarada

Verão de 1499
Andei fazendo experiências interessantíssimas com peso e movimento. Também estive trabalhando num aquecedor de água para a banheira da duquesa de Aragão. Acho que três partes de água quente para uma de água fria é a proporção certa para um banho gostoso.

TRIBUNA MILANESA
junho de 1499
GUERRA!

CONFIRMADO! Estamos em guerra com a França. O rei Luís e seu exército cruzaram os Alpes e estão tomando fortes e cidadelas na fronteira oeste do nosso ducado de Milão. Enquanto isso, os venezianos estão nos atacando pelo leste!

Saberemos oferecer heroica resistência a esses invasores estrangeiros.

TRIBUNA MILANESA
agosto de 1499
MAIS VITÓRIAS FRANCESAS!

Ao mesmo tempo que o vitorioso exército francês continua a avançar implacavelmente, chegam até nós notícias de distúrbios populares ocorrendo aqui mesmo, em Milão. Duque Ludovico tentou conquistar a simpatia das turbas, mas não obteve sucesso.

ÚLTIMA HORA: Uma furiosa multidão acaba de enforcar o tesoureiro da cidade! E nossos generais se escafederam! Isso é uma vergonha!

Em outubro de 1499, o rei Luís XII da França e seu exército entraram em Milão. O duque Ludovico picou a mula, e eclodiram saques e matanças por toda a cidade.

Caderno perdido do Leo

Outono de 1499
Acho que é hora de ir embora de Milão! As coisas estão ficando agitadas demais por aqui. Estou juntando o que é meu e me preparando para cair fora... Preciso pegar em

Uma ceia azarada

Santa Maria a estufa que usei quando pintava a Última ceia. Vou vender tudo que não puder levar e mandar minhas economias para Florença. Precaução e caldo de galinha não fazem mal a ninguém! Coisas para comprar: roupa de cama e banho; um chapéu; sapatos; quatro pares de calças de malha; um casaco de pele de cabra; couro para fazer mais casacos; papel; caixa de tintas. (Levo umas melancias e sementes de lírio?)

E TOME ÁGUA!

Pois é, em 1500, depois de morar dezessete anos em Milão, Leonardo arrumou sua trouxa e foi-se embora. Daí em diante, e praticamente pelo resto da vida, ele estaria sempre arrumando a trouxa, indo e vindo de Florença, Milão, Roma e mais uma ou duas cidades italianas, ficando um ano aqui, uns meses ali, sempre atendendo aos caprichos dos mandachuvas locais.

Seu primeiro destino foi Veneza. Lá, começou aconselhando os venezianos sobre como esmagar os turcos, que, a mando do duque Ludovico, ameaçavam a cidade. O fato de os venezianos terem sido parcialmente responsáveis pela derrubada de Ludovico não incomodava Leonardo. Na Itália do século XVI, não se dava bola para esses detalhes. A única maneira de sobreviver era ser leal a quem dava as cartas no momento. Não é muito bonito, mas são coisas da vida!

Conchas alpinistas

Várias vezes durante a vida, Leonardo teve água na cabeça. Sua cuca excepcional vivia inundada de ideias sobre esse tema. Como ele dizia, "o mundo precisa de água tanto quanto nosso corpo precisa de sangue". No entan-

E tome água!

to, quando ainda era um rapazola, sua casa foi devastada mais de uma vez por enxurradas e inundações, de modo que ele tinha plena consciência do terrível poder destruidor da água. Ele dizia que uma coisa o apavorava muito mais do que os terremotos e as erupções vulcânicas: ver um rio transbordar e arrastar tudo o que encontrava em seu caminho: adultos, crianças, cavalos, gado, árvores, porcos e casas.

Depois de quebrar muito a cabeça com o assunto, chegou a algumas conclusões: que, ao longo de vastos períodos de tempo, a água desgasta lentamente as pedras no processo conhecido como erosão; que os vales são abertos na terra pelos rios; e que, às vezes, os mares recuam e revelam grandes cadeias de montanhas.

Caderno perdido do Leo

Maio de 1500

Eu sempre me perguntei como é que aquelas conchas tinham ido parar no pico de uma montanha perto daqui. As pessoas do lugar achavam que elas tinham crescido ali mesmo, nas pedras, o que é evidentemente um <u>absurdo</u>! Outros pensam que elas foram levadas lá para cima no Dilúvio, o que é outro <u>absurdo</u>! Não! Começo a pensar que essas altas montanhas foram, um dia, o fundo do mar.
E que as tais conchas são de criaturas marinhas que morreram e se enterraram na lama.

> *Mas isso, há muitíssimo tempo, quando o mundo ainda estava tomando forma! Quando tentamos compreender todas as coisas misteriosas que nos rodeiam, é preciso usar toneladas de imaginação e senso comum, e manter a mente <u>completamente</u> aberta. Então, com um pouco de sorte, as ideias fluem em nossas cabeças. Eu só sei dizer que nesse caso das conchas estou na pista certa!*

As ideias de Leonardo sobre rochas e fósseis foram totalmente esquecidas por cerca de trezentos anos, até que um geólogo inteligente resolveu pesquisar melhor as concepções desse grande homem e descobriu que ele tinha toda razão.

As superondas cerebrais do Leo

Esse fascínio pelas coisas aquáticas fazia Leo estar o tempo todo bolando maneiras de aproveitar o fantástico poder das águas.

Superonda um: Desvio de curso

Na década de 1490, quando Florença estava em guerra com Pisa, Leonardo bolou um plano para cortar o abastecimento de água da cidade inimiga e secar sua baía, desviando o rio Arno. A ideia era pôr centenas de operários para construir uma moderna e gigantesca barragem de madeira para represar o rio. Ao mesmo tempo, centenas de outros cavariam o solo o mais rápido possível, criando um canal por onde o rio correria, deixando Pisa na maior seca.

E tome água!

Resumo da ópera: Infelizmente para Leonardo (mas felizmente para os pisanos), todo tipo de imprevistos, como a falta de mão de obra e o desmoronamento das barrancas do canal, levaram o plano por água abaixo e, após seis meses de escavações, o projeto foi abandonado.

Superonda dois: Canal de ponta
Leonardo cismou de ligar Florença ao mar, criando um canal que escalaria os morros numa série de degraus gigantes, controlados por comportas e bombas. Outra opção seria fazer o canal correr por um túnel aberto na rocha. De qualquer modo, as embarcações navegariam por esse canal, ao longo do qual haveria fiações de seda, serrarias, fábricas de papel, olarias e várias outras atividades, todas elas com máquinas movidas a água.

Resumo da ópera: O canal do Leo nunca foi construído, mas no século XX os italianos abriram o tal túnel nas montanhas, para passar a rodovia Florença—Pisa.

Superonda três: Represando os turcos
Em 1500, os venezianos foram ameaçados por um imenso exército turco, que estava acampado nas margens do rio Isonzo, a uns oitenta quilômetros da cidade. Leonardo teve a ideia de represar o rio com uma barragem

portátil de madeira, que armazenaria uma gigantesca massa d'água. Assim, quando os turcos atravessassem o rio para atacar Veneza, os italianos abririam as comportas, liberando milhões de litros d'água, que inundariam o vale e afogariam o exército inteiro de uma vez.

Resumo da ópera: Os venezianos represaram a ideia do Leonardo e os turcos ficaram no seco.

As reflexões aquáticas do Leo

Além de pensar em maneiras de tirar proveito do fantástico poder das águas, Leonardo teve novas ideias simplesmente observando o modo como a água se comporta em diferentes circunstâncias...

Ideia um: Ondas e mais ondas

Observando a ação das ondas na água, Leonardo teve de repente a ideia de que talvez a luz e o som também viajassem pelo ar através de ondas! Hoje, essa ideia está integrada a boa parte da nossa tecnologia de ponta.

E tome água!

Ideia dois: A todo vapor

Observando a tampa de uma panela em que fervia água, ele percebeu que a tampa subia e descia, como se fosse movida por uma mão invisível. Deduziu daí que a água fervendo se expande, quando transformada em vapor. Um fato de que Thomas Savery iria tirar partido duzentos anos depois, quando, ao perceber que o vapor em expansão tinha uma força mecânica real, inventou a primeira máquina a vapor.

Ideia três: Os círculos de pedras

Leo jogou duas pedras num lago e notou que os círculos pareciam propagar-se a partir do ponto em que a pedra tinha caído na água e que não se desfaziam nem se interceptavam.

Pensou um bocado e chegou à conclusão de que, embora parecesse, a água não se movimentava. O que acontecia é que uma espécie de tremelique superficial era transmitido pela água, dando apenas a impressão de movimento.

Além desses projetos e observações sobre o comportamento da água, Leonardo tinha uma enxurrada de ideias para invenções relacionadas com o H_2O. Como estas...

Roupa de mergulho

Além de pensar no que alguns descrevem como o primeiro submarino da história, Leo desenhou esta roupa de mergulho, feita de pele de animal impermeável.

E tome água!

Uma das ideias que Leonardo teve para o uso desse equipamento foi a seguinte: os mergulhadores iriam por baixo d'água sabotar e afundar os navios nas baías inimigas, fazendo enormes furos nos cascos. (Ele também projetou as brocas, é claro!)

Máquina para fazer cano d'água
Hoje em dia, a água corre por canos de plástico ou de metal, mas na Itália do século XVI as tubulações eram feitas de troncos de árvore furados ao meio. Mesmo o tronco sendo grosso, era dificílimo fazer o furo certinho, no centro da madeira. Então, Leonardo projetou uma furadeira ajustável, guiada por vários mandris, que faziam o eixo da máquina permanecer sempre no centro do tronco. Essa engenhoca se parece com um torno moderno.

Andador aquático
Leonardo também bolou esse conjunto para andar na água sem precisar conhecer o caminho das pedras. Ao que se sabe, nunca o realizou nem testou.

Bolar planos diabólicos para afogar os turcos e secar a cidade de Pisa não foram as únicas participações de Leonardo nos conflitos do seu país. Não demoraria muito para que ele se envolvesse nas sinistras maquinações de alguns dos italianos mais cruéis e impiedosos da história...

ESSES HOMENS TRAIÇOEIROS COM SUAS MÁQUINAS MORTÍFERAS

Leonardo mudou-se novamente, e dessa vez resolveu voltar para aquela que mais se aproximava do que poderia ser sua cidade natal: Florença. Enquanto esteve fora, Florença mudou — e muito. Uma das pessoas responsáveis por essas mudanças foi um desmancha-prazeres chamado...

Girolamo Savonarola (*1452-1498*)
Savonarola era um frade florentino intolerante que andava pela cidade pregando aos berros para as multidões...

> OS MEDICI SÃO UM BANDO DE CORRUPTOS ESBANJADORES!

> DIVERTIR-SE É PECADO. DEUS CASTIGA QUEM SE DIVERTE.

> PIADA SUJA É ARTE DO DEMO!

Esses homens traiçoeiros com suas máquinas mortíferas

Além de ser um fanático religioso, Girolamo se acreditava capaz de antever o futuro, e vivia pressagiando desgraças. Dizia, por exemplo, que um dia um grande exército inimigo viria castigar os habitantes de Florença por serem uns renascentistas festeiros e irresponsáveis. Curiosamente, em 1494 essa profecia realizou-se e, como você já viu (na página 97), um exército gigantesco, comandado pelo rei Carlos VIII da França, de fato invadiu a Itália. Quando os franceses marcharam para o sul, os moradores de Florença derrubaram os Medici e estabeleceram uma república autogovernada, tendo Girolamo como consultor para assuntos relativos às matérias sagradas. Ele prontamente fez saber aos florentinos que Deus não queria vê-los fazendo coisas como vestir roupas finas e comer aquele troço pecaminoso chamado *comida* e que, para voltarem ao bom caminho, tinham de passar fome e vestir sacos de juta (ou algo do gênero). Uma das coisas pelas quais Girolamo é mais lembrado são suas Fogueiras da Vaidade. Eram enormes fogueiras públicas, em que os florentinos tinham de jogar todos os seus objetos favoritos, como antiguidades, joias, pinturas, instrumentos musicais, sabão, livros, maquiagem, espelhos e baralhos, porque ter bens como esses era considerado uma perversão e um mal inominável.

Após algum tempo, a Igreja católica e vários outros poderosos, que a princípio haviam apoiado Girolamo, acharam que ele estava indo um pouco longe demais com sua campanha de purgação dos pecados (principalmente quando criticou o papa por deixar as coisas correrem frouxas). Então, em 1498, Savonarola foi devidamente torturado, enforcado e, para coroar, assado numa de suas Fogueiras das Vaidades.

> NÃO ERA MELHOR DAR O TIRO DE MISERICÓRDIA, POR VIA DAS DÚVIDAS?

Caderno perdido do Leo 1500-1502

1500
Florença não é mais o lugar divertido de que eu me lembrava. Certos artistas continuam fazendo pinturas religiosérrimas, ainda influenciados por Savonarola!

1502
Arranjei um bom emprego! Quem mais faz e acontece nas brigas pelo poder aqui é César Bórgia. Ele

Esses homens traiçoeiros com suas máquinas mortíferas

ouviu falar que eu sou inventor de coisas diabólicas e acaba de me nomear seu engenheiro militar. O jovem Cecê, como costumo chamá-lo (pelas costas, claro), além de filho do papa, é um espertalhão que está usando o exército do pai para tentar abocanhar um pedação da Itália. Foram os figurões de Florença, que de bobos não têm nada e querem estar nas boas graças do rapaz, que me recomendaram a ele. O cara é perigoso e não tem o menor escrúpulo. Vou fazer de tudo para continuar bem considerado por ele. Por ora, estamos (ele, eu e os milhares de homens das suas terríveis tropas) em turnê pelo centro da Itália, travando uma batalha aqui, montando um cerco ali. O que vi de violência e sangue não está nos murais! Mas não quero falar sobre isso.

Afinal, sou pacifista!

César Bórgia (1476-1507)

César era bonitão, espirituoso e inteligente. Mas, ao mesmo tempo, era sanguinário, mau, intrigante, traiçoeiro e cruel — isso quando estava de bem com a vida. Entre as muitas coisas terríveis que se atribuem a ele, contam-se: matar o próprio irmão e jogá-lo no Tibre; dar cabo dos vários príncipes com que a irmã se casou; e liquidar qualquer um que atrapalhasse seus planos malignos ou de quem ele simplesmente não fosse com a cara. Uma vez, um grupo de soldados seus fez um movimento de protesto; César disse que concordava com todas as reivindicações e convidou-os para um encontro amigável, em que acertariam os ponteiros. Os panacas foram, animadinhos... e acabaram devidamente degolados.

Além de ser mau pra caramba, César tinha uns costumes meio diferentes. Costumava deitar-se quando já era dia, tomava o café da manhã, digo, da tarde, às quatro, e tinha dois leopardos de estimação, com os quais saía para caçar.

Esses homens traiçoeiros com suas máquinas mortíferas

Uma vez, matou sozinho cinco touros na praça de São Pedro, em Roma, para delírio da galera que assistia ao espetáculo. Sua grande ambição era dominar o Centro e o Sul da Itália, mas felizmente, para os italianos, o poder de César declinou rapidamente depois que seu pai, o papa Alexandre VI, morreu.

Passou seus últimos anos numa quase obscuridade, saindo apenas de noite, por conta de um horrível mal que o obrigava a usar uma máscara branca para ocultar as pavorosas feridas que cobriam seu rosto, antes tão bonito. (Bem feito, quem mandou ser mau!)

Guerra ou paz?
Uma porção de gente se espantou com essa ligação do Leo com o belicoso e sanguinário César. Logo ele, que volta e meia declarava em alto e bom som que detestava a guerra e todos os horrores que ela acarretava! E que tinha proclamado um dia: "Os homens que fazem guerra não passam de bestas desvairadas!". Apesar dos séculos de discussões e investigações, ninguém ainda chegou a uma resposta convincente para essas estranhas contradições na personalidade do Leo. Podia muito bem ser que, como todo mundo (até você, caro leitor), Leo simplesmente tivesse um lado bom e um lado mau!

O exterminador do presente
Leonardo não parecia hesitar nem um pouco em usar seu supercérebro para inventar máquinas mortíferas. Essa foi uma das principais razões pelas quais políticos sedentos de poder, como César Bórgia e o duque Ludovico, se interessaram por ele.

O tanque a manivela

No século XV, a arte da guerra mudou radicalmente. As velhas armas — tipo espada, lança, arco e flecha — começaram a ser substituídas por outras, muito mais destrutivas, como os bacamartes e os canhões. Com pelouros (nada a ver com "dá o pé, louro", é o nome daquelas balas de canhão redondas) do tamanho de uma melancia, você podia arrebentar a muralha de um castelo e arrancar a cabeça de um desafeto antes mesmo de ele poder pensar...

Para proteger os soldados de todos esses projéteis e bombas, Leonardo bolou um curioso carro blindado, que muita gente diz ser o primeiro tanque da história. Mas Leonardo não lhe deu esse nome, disse tratar-se de "uma carroça coberta, segura e inatacável".

O tanque do Leo parecia um enorme empadão de metal sobre rodas. Destinava-se a atacar as fileiras inimigas, dispersando-as, e dar cobertura aos soldados, que vinham logo atrás. Só para garantir que o inimigo entendesse que aqueles tanques não eram carros alegóricos, havia no alto da torre cônica umas frestas pelas quais uns atiradores disparavam enquanto a "carroça coberta" avançava.

O tanque era blindado com placas de metal, e seu motor eram oito homens girando uma manivela que impulsionava as rodas. Leo pensou em usar, em vez de homens, cavalos que galopariam dentro da carroça blindada, mas desistiu da ideia porque achou que os cavalos não aguentariam aquele espaço apertado e que a barulheira do combate os deixaria em pânico.

Foram necessários mais de quatro séculos até que alguém criasse os tanques que os soldados de hoje conhecem e utilizam. O primeiro tanque entrou em ação em 1916, nas Batalhas do Somme, um rio da França ao norte de Paris, na Primeira Guerra Mundial, e foram usados exatamente como Leonardo havia sugerido: os blindados avançavam pelo campo de batalha, destruindo tudo em sua passagem, e as tropas vinham logo atrás, usando-os como proteção contra o fogo inimigo. Mais uma vez, Leo esteve séculos à frente do seu tempo!

A roçadeira mortífera
Era o tipo de tecnologia de ponta do século XV, o terror das pernas dos soldados. É bem verdade que algumas dessas geringonças já tinham sido usadas antes, mas o projeto de Leonardo era uma espécie de aperfeiçoamento das que existiram. A ideia era a seguinte: uma carroça

Leonardo da Vinci e seu supercérebro

provida de foices avançava contra as tropas adversárias; um mecanismo fazia as foices girarem furiosamente, transformando os inimigos em mortadela fatiada. Mas a roçadeira tinha um grande inconveniente, que Leo logo percebeu. Qual deles você acha que é?

a) Os soldados inimigos poderiam cobrir as foices com maçarocas de penas, que transformariam a roçadeira numa máquina de fazer cócegas.

b) Os soldados inimigos poderiam escapar das foices saltando, como se brincassem de pular corda. E, mesmo que se cansassem, acabariam escapulindo.

c) Os soldados inimigos poderiam dar um jeito de fazer com que a roçadeira se voltasse contra os soldados que a manipulavam.

Resposta certa: c) Leonardo sustentou que os generais inimigos poderiam usar a arma a seu favor, fazendo suas tropas berrarem e tocarem tambor, assustando os cavalos que puxavam as roçadeiras, que acabariam dando meia-volta e investiriam contra seus próprios soldados.

A besta gigante

As bestas com *e* aberto ("béstas") estiveram muito na moda na Idade Média, mas haviam sido preteridas pelos arcos e superadas em potência por vários tipos de armas de fogo. Leonardo pensou em projetar uma besta gigante que disparasse flechas também gigantes, semeando um pânico ainda mais gigante entre as fileiras inimigas.

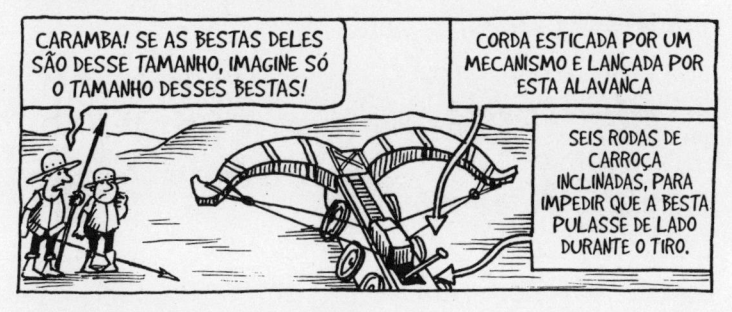

Metralhadora multicano

Leonardo projetou essa metralhadora entre 1480 e 1482. Era composta de 33 canhões de pequeno calibre alinhados em três fileiras de onze. Os canhões eram disparados um depois do outro. Leonardo chamou a arma de "órgão de canos", porque os canos dos canhões pareciam os tubos de um órgão.

Caderno perdido do Leo 1502

Continuo como engenheiro militar do Cecê. Acabo de bolar um jeito de descobrir se tem alguém tentando cavar um túnel por baixo de você. Pode ser útil, porque muitas vezes é assim que o inimigo tenta abrir caminho sob nossas defesas. É assim: você põe um tambor no chão, com uns dados sobre o couro. Se os dados pularem, há alguma atividade subterrânea em curso, pois eles estarão respondendo a vibrações causadas por ela!

Estive pensando também na relação entre o som e a luz. Notei que a gente vê a fumaça do canhão antes do barulho do tiro, assim como o raio antes do trovão. O que só pode significar uma coisa: a luz anda mais depressa que o som! É tão pouco o que a gente sabe do mundo...

(alguns meses depois)

Tenho viajado para verificar as fortificações das várias praças-fortes do Cecê, fazer mapas e bolar novos macetes para derrotar seus inimigos. Ele me deu um passaporte especial que me permite ir aonde bem entender e ainda obriga quem eu requisitar a me ajudar. Devo dizer que estou gostando muito de fazer mapas. Este é um que fiz da Itália central.

Outro dia conheci um sujeitinho esquisito. Chama-se Maquiavel e é um dos principais formadores de opinião da República de Florença. Ele, é claro, está impressionadíssimo com meu patrão, o Bórgia. Tenho me dado muito bem com ele.

Nicolau Maquiavel (1469-1527)

Nicolau Maquiavel (em italiano, Niccolò Machiavelli) era um funcionário da nova República de Florença, já livre dos Medici. Entrou para a história como um cara traiçoeiro e cheio de manhas, tanto que seu nome é usado para descrever uma pessoa pérfida, que vive tramando planos secretos para prejudicar alguém.

Quando não estava tramando alguma coisa, bajulando o César Bórgia ou ajudando-o em seus planos perversos de dominação da Itália, Nicolau passava o tempo trabalhando em seu livro, que seria intitulado *O príncipe*, boa parte do qual se baseava na vida do César. Nele, Nicolau sugere que, em vez de procurarem ser bonzinhos, os governantes deveriam manter o poder sendo desonestos, desalmados e sem escrúpulos, ter punho de ferro e até apelar para um pouco de torturas criativas, se fosse o caso, a fim de construir uma sociedade estável e feliz.

Desde que foi publicado, *O príncipe* tem sido a leitura predileta dos mandachuvas do mundo inteiro, inclusive Napoleão Bonaparte, que disse que era o único livro que valia a pena ler (além do *Asterix*, claro).

A lança 3 em 1

Em vez de um cavaleiro espetar um soldado inimigo por vez, Leonardo inventou esta lança tripla, que possibilitava varar três inimigos num ataque só. O cavaleiro empunhava uma das lanças, e as outras duas iam atreladas ao arreio.

O empurrador de escada

Na Idade Média e na Renascença, as pessoas viviam enfrentando um problemão: ter seus castelos sitiados por inimigos sanguinários. Para se livrar desses escaladores de muralha, Leo inventou um dispositivo para empurrar as escadas invasoras. Para não ter de trocar o empurrador de lugar o tempo todo, ele projetou um que derrubava logo cinco escadas de uma vez.

O escudo ladrão

Quando um adversário erguia a espada para o ataque e a arma batia no seu escudo, abria-se uma portinhola na frente do escudo e de lá de dentro saía um mecanismo articulado que agarrava a espada da mão do inimigo.

Ainda bem que o feroz Bórgia foi patrão do Leo por pouco tempo. Quando o papalino pai bateu as botas, César escafedeu-se para a Espanha, a fim de escapar dos que ele tinha maltratado em seu reinado de terror. Leo parou de trabalhar para ele e, em pouco tempo, já arrumava novamente a trouxa para voltar a Florença, onde iria encontrar o jovem artista que viria a ser o seu maior rival de todos os tempos...

DUELO DE TITÃS

Em 1503, Florença estava em guerra com Pisa (pois é, de novo!). O cabelo e a barba de Leonardo tinham ficado brancos e, com 51 anos de idade, era considerado um velho coroca. Enquanto andou por Milão e outras partes da Itália, muitos jovens artistas tinham despontado em Florença. E, apesar de ainda serem bebês de colo na década de 1470, quando Leo já estava na ativa, muitos deles faziam agora tanto sucesso que tinham se tornado seus rivais na arte. O principal dentre esses fedelhos metidos a besta era o megafamoso e mal-humoradíssimo...

Michelangelo Buonarroti (1475-1564)
Michelangelo era um brilhante escultor, arquiteto, pintor de afrescos e poeta. Como Leonardo, fez seu aprendizado num ateliê de Florença. Ainda moço, foi notado por Lorenzo de Medici, que achou Michelangelo tão talentoso que o convidou para morar e trabalhar em sua casa. Mais tarde, Michelangelo foi para Roma, onde o papa Júlio II o chamou para fazer o desenho de seu mau-

soléu e esculpir *O escravo de pernas cruzadas*, dois projetos que renderam muito prestígio ao artista.

Ao contrário dos heróis altos e musculosos e dos lindos personagens bíblicos das suas esculturas, Michelangelo era baixinho, feio e desmazelado. Tinha um nariz adunco, quebrado numa briga com outro escultor, o que, aliás, não era incomum, pois Michelangelo era tão briguento que saía distribuindo socos e pontapés por qualquer coisinha. Mas era tremendamente trabalhador e tão dedicado à sua obra que dormia no ateliê, alimentando-se com um pedaço de pão e um gole de vinho, e nunca, jamais, em tempo algum se dava ao trabalho de lavar-se ou tirar as botas, que, sabe-se lá por quê, eram feitas de pele de cachorro.

Uma das mais conhecidas criações de Michelangelo é a gigantesca estátua de *Davi*, o pastorzinho que ele esculpiu num imenso bloco de mármore em que o escultor Duccio deveria ter talhado, quarenta anos antes, a figu-

Duelo de titãs

ra de um profeta. Mas Duccio morreu de repente, e o bloco ficou abandonado num canto da catedral de Florença.

Sua pintura mais famosa é certamente o vasto conjunto pintado no teto da capela Sistina, em Roma, e que mostra algumas cenas do Gênesis, o primeiro livro da Bíblia, entre elas a criação do mundo. O teto tem o pequeno tamanho de seis campos de futebol e, como dispensou todos os seus assistentes por achar que não estavam à altura da tarefa, levou quatro anos sozinho nos andaimes para terminá-la. Pintou usando o método do afresco, aquele tipo de pintura feita no gesso ainda fresco, como já vimos (na página 53).

Artista da moda, Michelangelo muitas vezes recebeu encomendas em que o Leo estava de olho, o que, nem é preciso dizer, fez o coroa morrer de inveja do jovem rival.

Leonardo não tinha os escultores em alta conta e, embora admitisse que a arte deles até que tinha alguns aspectos positivos, considerava a pintura uma atividade muito superior...

As pílulas de sabedoria do Leo: escultura versus pintura
Escultura: Tratando-se de escultura, tudo o que posso admitir é que, realmente, nada dura mais do que mármore ou bronze. E é só! A escultura não pode se comparar com a pintura...

E não exige muito raciocínio. Só cansa e suja. Os escultores acabam sem fôlego, suados e cobertos de poeira, parecendo-se mais com padeiros enfarinhados ou alguém que enfrentou uma tempestade de neve.

E para completar, a casa de um escultor está sempre entulhada de lascas de pedra, uma imundice! Sem falar na barulheira...

Pintura: Ah, agora sim! Pintura é só alegria. Uma grande atividade mental! E você pode praticá-la sentado numa cadeira confortável, vestindo suas melhores roupas. Os pincéis não pesam nada e você só precisa mergulhá-los suavemente em lindas cores. Sua casa está sempre limpa, e dá até para ouvir música enquanto trabalha. Ou pedir que alguém leia um belo texto para você. Não tem comparação!

Duelo de titãs

Quebra-pau na praça

Um dia Leonardo passeava com um amigo por uma praça de Florença, quando umas pessoas que estavam sentadas num banco, conversando sobre arte, pararam o grande homem e lhe pediram uma opinião sobre poesia. Adivinhem quem atravessava a praça como um furacão, bem nessa hora? O rabugento Michelangelo, em pessoa! Em vez de responder, Leonardo apontou para ele e disse algo assim:

> LÁ VEM O MICHELANGELO, ELE EXPLICA PARA VOCÊS!

Mal-humorado como sempre, o intratável escultor cismou que Leonardo estava debochando dele e disse algo assim:

> EXPLIQUE VOCÊ, SEU GÊNIO GAGÁ, POR QUE NUNCA FOI CAPAZ DE FUNDIR EM BRONZE AQUELE CAVALO DE ARGILA E FUGIU DA RAIA VERGONHOSAMENTE. SEU MONUMENTO À INCOMPETÊNCIA!

Leonardo assombrou-se tanto com o insulto que ficou mais rosado que seu célebre traje cor-de-rosa, mas antes que pudesse dar uma resposta à altura, Michelangelo seguiu caminho, parando apenas o tempo necessário para olhar por cima do ombro e acrescentar:

> E AQUELES OTÁRIOS DE MILÃO ACHAVAM QUE VOCÊ IA CORRER O GRANDE PRÊMIO MONTADO NAQUILO!

Ou algo do gênero. O que, é claro, deixou Leonardo ainda mais enfurecido.

Que vença o melhor!

Em 1503, Nicolau Maquiavel e outros figurões de Florença decidiram escolher os dois maiores artistas da época para encomendar duas pinturas de cenas de batalha, que ficariam em paredes opostas da Câmara do Conselho. Maquiavel batalhou pela indicação do amigo Leonardo e, é claro, o outro escolhido foi o malcriado de botas de couro de cachorro.

> EM GUARDA!

Duelo de titãs

A Leonardo foi solicitado que pintasse um enorme mural comemorando a Batalha de Anghiari, em que os florentinos deram uma sova nos milaneses. Na parede em frente, Michelangelo pintaria a Batalha de Cascina, em que os florentinos pulverizaram os pisanos.

Para representar a cena com precisão, Leonardo pediu que um militar lhe fizesse uma descrição da batalha. O oficial fez um relato detalhadíssimo, citando o número de soldados que participaram, a gigantesca quantidade de feridos, a heroica defesa de uma ponte decisiva e a aparição de são Pedro nas nuvens acima da refrega (na certa para saber quanta gente ia bater na sua porta nos dias seguintes).

Mas outro militar afirmou mais tarde que a batalha só teve um ferido: um soldado desastrado que caiu do cavalo. Como um indivíduo caindo do cavalo não é propriamente um tema empolgante para um mural de batalha, Leonardo resolveu partir para o filme de ação, digo, para o mural de ação, com grandes massas de homens se enfrentando e uma batalha de cavalaria no centro.

Leonardo da Vinci e seu supercérebro

Aprendendo com o Leo

1. COLOCAR MUITA FUMAÇA MISTURADA COM A POEIRA LEVANTADA PELOS CAVALOS.

COFF! COFF!

COFF!

CAPRICHA NA POEIRA, CARA!

2. DAR UM TOQUE DE VERMELHO NA CARA DOS COMBATENTES.

CLARO! ESTAMOS A MIL! O SANGUE SOBE!

3. DISPARAR FLECHAS EM TODAS AS DIREÇÕES.

4. QUE TAL UM CAVALO ARRASTANDO UM SOLDADO MORTO?

EI! AINDA NÃO MORRI!

MAS VAI MORRER JÁ, JÁ!

Duelo de titãs

Como pintar cenas de batalha

5. OS SOLDADOS FERIDOS DEVEM APARECER MORRENDO, BERRANDO, RANGENDO OS DENTES, VIRANDO OS OLHOS.

QUER QUE EU CHORE E CHAME MINHA MAMMA TAMBÉM?

6. MOSTRE UM HOMEM DESARMADO, MORDENDO E SOCANDO OUTRO.

GRR!

7. MOSTRE UM CAVALO DISPARADO PISOTEANDO UM HOMEM.

AI!

8. NÃO DEIXE UM PEDACINHO DE CHÃO SEM SANGUE.

Por dentro de tudo

Leonardo levou dois anos preparando os esboços para representar a Batalha de Anghiari, boa parte dos quais no hospital de Santa Maria Nuova, de Florença. Não que estivesse doente! Como você sabe, o Leo era um curioso crônico e, por causa dessa insaciável sede de saber, vivia metendo o nariz onde ninguém nunca cogitaria meter o seu, inclusive dentro dos outros — normalmente depois de mortos.

Isso porque, como muitos artistas da época, inclusive o mal-educado do Michelangelo, ele achava que não se podia pintar direito o homem sem saber como ele funcionava: que parte fazia o quê, qual era a forma dos ossos e dos músculos, como se articulavam, como se mexiam, o que havia sob a pele.

Leonardo era fascinado pelo funcionamento desta incrível máquina chamada corpo humano e ansiava por descobrir o que fazia tudo aquilo palpitar, estremecer, pular.

Duelo de titãs

Aprendendo com o Leo

Anatomia: Agora que você é pintor, precisa conhecer como as pessoas são por dentro. Senão, os corpos que você pintar vão parecer duros, sem vida, e as pessoas que examinarem a sua arte vão pensar que estão olhando para um maço de rabanetes, e não para essa obra-prima da natureza conhecida como corpo humano!

Calcula-se que, ao longo da vida, Leonardo tenha aberto e explorado, no mínimo, trinta corpos humanos. Dissecou um monte de órgãos, inclusive pulmões, corações e cérebros. Também serrou ossos para descobrir como são por dentro, quais são recheados de tutano, quais são esponjosos. Para tentar entender a maneira como andamos, ele até substituiu músculos por cordas, que puxava para reproduzir a maneira como os tendões puxam nossos ossos.

Para desenhar os órgãos, que tendiam a ficar moles e disformes depois de removidos, ele os lavava bem e depois injetava cera, até voltarem à forma original.

Além de estudar o corpo humano, Leo vasculhou cadáveres de outros animais, como ursos, vacas, sapos, macacos e passarinhos, para compará-los com o corpo humano e identificar suas similaridades e diferenças.
Fez pelo menos duzentas ilustrações do corpo humano. Muitas são incrivelmente precisas, outras apenas esboçadas. Os desenhos anatômicos do Leo também são lindos, e vários deles têm lugar de destaque nas coleções de arte mundo afora.

A maneira imaginativa como ele apresentava as coisas que descobria foi muito usada pelos ilustradores que o sucederam. Para representar as várias camadas do nosso corpo, Leo desenvolveu uma técnica de desenho conhecida como corte transversal, utilizada até hoje pelos estudantes de medicina. Também desenhou vários órgãos, mostrando-os de três ângulos diferentes.

> *É como se você o segurasse, virando-o e revirando-o nas mãos.*

Sobre esse seu trabalho com o corpo humano, Leonardo disse certa vez: "Quero fazer milagres". No entanto, ao fim das suas investigações anatômicas, ele teria dito que, não obstante tudo o que descobriu, acabou ficando mais no escuro do que nunca, pois o milagre da existência humana era misterioso demais para se traduzir em

Duelo de titãs

palavras. Afirmou também que, na verdade, o que ele mais tinha esperado encontrar era a alma, para poder descrevê-la com exatidão. Nem é preciso dizer que essa esperança foi para o brejo.

> ESTAVA PROCURANDO A ALMA, MAS NÃO CONSEGUI ENCONTRAR!
>
> SE FOSSE A PALMA, EU AINDA PODIA DIZER: FICA DO LADO DE DENTRO DA MÃO.

Quando terminou os estudos preliminares para a pintura da batalha, Leonardo montou um gigantesco cartão preparatório, feito com uma porção de folhas de papel coladas, e no dia 6 de junho de 1505, estava finalmente pronto para iniciar o trabalho. Subiu no andaime e começou a pintar direto nas paredes, que tinham sido previamente preparadas por sua equipe. Mas foi só ele dar a primeira pincelada que o tempo resolveu mudar, e desabou a maior tempestade. A água escorria em toda parte, inclusive onde Leonardo estava pintando. Com o aguaceiro, as folhas que compunham o cartão se descolaram e se embaralharam...

Apesar de todos esses pesares, algumas semanas depois Leonardo estava pronto para recomeçar. Mas dessa vez não foi o tempo que conspirou contra ele. Foi a parede. Depois das primeiras pinceladas, Leonardo resolveu acender um fogo de carvão embaixo da parede para a pintura secar logo. E se deu mal, porque a tinta a óleo da parte de cima do mural começou a escorrer parede abaixo...

Em maio de 1506, Leo se deu conta de que estava batendo a cabeça na parede e desistiu de batalhar na pintura da batalha. Enquanto isso, Michelangelo também entregou os pontos, mas não por causa de dificuldades técnicas. É que o papa Júlio II morria de vontade de que o superfamoso escultor desenhasse um lindo mausoléu para ele, além de querer que ele fizesse o tal teto da capela Sistina.

E o vencedor é...

Os mandachuvas da Itália continuaram encomendando a Michelangelo todas as obras importantes da época, ou seja: pelo resto da vida, o fedelho malcriado foi uma pedra no sapato do velho artista. Tanto assim que Leo acabou fazendo a trouxa e se mandando para a França. Mas antes disso ele criou aquela que se tornaria a mais famosa pintura do mundo, e portanto, foi ele quem riu, quer dizer, quem *sorriu* por último.

SORRIA!

Em algum momento do ano de 1505, Leonardo começou a trabalhar na pintura a óleo de uma mulher sorrindo. O retrato, que mede atualmente 77 por 53 centímetros, é conhecido como *Mona Lisa* ou *Gioconda*, a mais famosa pintura do planeta Terra. Muitas explicações foram dadas para essa imensa popularidade da *Gioconda*. Algumas pessoas acham que é porque seus olhos seguem o observador pela sala, outros acham que é porque seus lábios parecem tremer quando olhamos para eles e alguns especialistas dizem que é o estilo de *sfumato* (ver página 51) do Leonardo o que lhe dá um ar de mistério e excitação. Dizem que Leonardo gostava tanto dessa pintura que a levava consigo aonde quer que fosse.

QUER DIZER, QUASE...

Acabou vendendo o quadro para Luís XII, rei da França, e a *Gioconda* foi pendurada em vários palácios e luxuosas mansões até a Revolução Francesa, quando as massas revolucionárias a transferiram para o Museu do Louvre, em Paris. Quando Napoleão subiu ao poder, tirou-a do Louvre e pendurou-a no seu quarto.

Desde que Leonardo a pintou, *Gioconda* foi reproduzida milhares de vezes. Teve a cara estampada em latas de molho de tomate, guardanapos, quebra-cabeças, hologramas e um sem-número de bugigangas e objetos domésticos. Até naquelas pastilhas desodorizantes que se penduram na latrina, ela já foi parar.

> UÉ, O SORRISO DELA DESAPARECEU!
>
> TAMBÉM, PUDERA!

Ninguém sabe direito quem é a mulher retratada. Alguns peritos acreditam que se trata de Mona Lisa del Giocondo (daí os dois nomes pelos quais o quadro é conhecido), filha de Francesco del Giocondo, um rico comerciante. Já outros especialistas acreditam que ela poderia ser uma daquelas, digamos, "mariposas" que os ricaços italianos gostavam de ter esvoaçando à sua volta. Há até quem diga que era a *mamma* do Leo! Mas de uma coisa não há dúvida: seu misterioso sorriso encanta pessoas nos quatro cantos do mundo.

Na época, os retratados eram geralmente pintados com expressões sérias, sem graça (como, aliás, costumava ser a cara deles). Por que então a Gioconda sorria? Alguém sugeriu que foi porque Leonardo havia contratado músicos, comediantes e contadores de histórias para distrair a moça enquanto ele a retratava. Outros arriscam que, na verdade, se trata de um autorretrato do próprio Leo, com cabeleira postiça, rindo da sua brincadeira. Outros sustentaram que a Mona Lisa usava dentadura, e que o estranho sorriso é o resultado do seu esforço para mantê-la no lugar.

Tudo sobre a Gioconda

- Em 1919, um artista francês chamado Marcel Duchamp pintou uma cópia da *Gioconda* de bigode e cavanhaque. Chamou o quadro de *L.H.O.O.Q.*, o que, pronunciado em francês, se transforma em "elle a chaud au cul", ou seja, "ela está com fogo no rabo". Esses artistas... 
- Em 1983, um artista japonês chamado Tadhiko Okawa fez sua versão da *Gioconda*. Mas não a óleo. Criou-a com 1436 torradas. É isso mesmo! Ele desenhou o

retrato numa folha de alumínio, recortou-a em várias peças, depois colocou uma fatia de pão no formato adequado sobre cada uma e tostou cuidadosamente as fatias, até elas adquirirem o grau correto de marrom. Então, montou todos os pedaços e criou sua crocante obra-prima.

- Originalmente, a *Gioconda* era ladeada por duas colunas, que faziam parte da janela na qual estava sentada. Por algum motivo desconhecido, serraram seis centímetros de cada lado da pintura, de modo que as colunas desapareceram. Nunca mais foram vistas. (Vai ver que usaram a madeira para lenha.)
- Dentre as centenas de versões da *Gioconda*, ela já foi representada: *a*) sentada numa moto, com roupas de baixo; *b*) como gorila, sob o título de *Mona Gorila*; *c*) de bobes na cabeça; *d*) olhando através da janela para o ator Clint Eastwood, que fazia cara de mau no meio da rua de uma cidade do faroeste...

Sorria!

- Em 1911, um italiano que trabalhava no Louvre enfiou o quadro debaixo do guarda-pó e fugiu com ele. O roubo causou tamanha comoção que milhares de pessoas correram ao museu para ver o vazio deixado pela *Gioconda*. A obra acabou sendo recuperada dois anos depois, mas não sem que antes uns espertalhões tivessem vendido pelo menos seis *Monas Lisas* "originais" a uns ricaços americanos não tão espertos.

- Um guarda do Louvre ficou tão obcecado pela *Gioconda* que tinha regularmente longas conversas com ela e morria de ciúme dos visitantes que vinham ver o quadro, porque cismou que ela dava um sorriso todo especial para eles. O guarda logo acabou sendo transferido.

- A *Gioconda* ainda mora no Louvre, onde ganhou um espaço reservado só para si. Mas nunca está só: por dia, recebe mais ou menos 14 mil visitas!

Artitudes renascentistas

Se não sabemos a que se deve o célebre sorriso da *Gioconda*, ao menos de uma coisa podemos ter certeza: assim como todas as pinturas do Leonardo, ela também foi feita sob encomenda. (Em outras palavras, alguém pediu a Leonardo para pintar o retrato, pagando para isso.)

No início da Renascença, os artistas eram vistos apenas como hábeis artesãos, iguais a um pedreiro, um sapateiro ou um carpinteiro; a única diferença é que criavam bonitas obras de arte para enfeitar igrejas, palácios e mansões.

Muitas vezes, as pinturas e outras obras eram criadas por dois artistas ou mais, e os artistas da Renascença não costumavam assinar suas obras. Assim, vários quadros do Leonardo, na verdade, foram pintados por ele e mais um (ou vários) assistentes, a partir de um desenho feito por ele.

Muitos artistas, como Leonardo, Michelangelo, Rafael e Ticiano, ficaram tão famosos com suas obras-primas que começaram a ser considerados muito mais do que simples artesãos. Iniciava-se assim a mudança de atitude em relação aos artistas que culminaria na imagem do

Sorria!

grande-artista-genial-criativo-badalado-arroz de festa-sempre-na-coluna-social, dos últimos tempos.

Você tem um Leonardo na parede?
Apesar de o Leonardo ter suado a camisa (cor-de-rosa) anos a fio, existem apenas umas 27 pinturas suas, das quais somente doze foram feitas exclusivamente por ele — as outras foram pintadas com a colaboração de um ou mais assistentes. Famosas de morrer, todo mundo conhece essas pinturas. Como ele nunca assinava nem intitulava suas obras, não há como saber quantos Da Vinci desconhecidos existem por aí, pendurados em alguma parede ou cobertos de poeira num porão qualquer. Por isso, quando for bater pernas numa feira de velharias ou fuçar um brechó (de preferência em Roma), olho vivo! Você pode ter a mesma sorte que este cara...

Por volta de 1480, Leonardo pintou um são Jerônimo (o eremita do século IV que traduziu a Bíblia) sentado na entrada de uma gruta, com cara de sofredor (também pudera, ele estava se espancando com uma baita pedra!). Um leão faminto o devorava com os olhos, mostrando ser um mal-agradecido, pois Jerô acabara de arrancar um espinho da sua pata.

Leonardo da Vinci e seu supercérebro

Ninguém sabe o que aconteceu com o quadro depois que Leonardo parou de trabalhar nele, mesmo sem tê-lo terminado. Mas 350 anos depois, o tio do Napoleão Bonaparte (veja você!) batia pernas por uma rua de Roma e passou por um brechó. No fundo da loja, viu um pequeno guarda-louça com uma estranha porta decorada. E resolveu dar uma olhada.

Examinando de perto, reparou que a porta, na verdade, era uma pintura em madeira: a cabeça de um sujeito que, pela cara de gozo, devia ser um masoquista flagelando-se com uns pedregulhos. "*Ulalá!*", pensou com seus botões. "Isto está me cheirando a uma parte de uma obra-prima perdida da Renascença." E estava certo! Em algum momento do passado, algum palerma cortou a cabeça de são Jerônimo para consertar seu móvel quebrado. O tio do Napoleão não pensou duas vezes e comprou o movelzinho, depois saiu atrás do resto da pintura. Após meses e meses de busca, encontrou-o na oficina de um sapateiro, também em Roma. Tinha virado um par de tamancos! Brincadeirinha... na verdade, o sapateiro tinha usado o painel como tampo da sua bancada. Assim, a cabeça do são Jerônimo foi finalmente unida ao resto do corpo — e ao leão ingrato também.

VOANDO ALTO

Em 1505, mais ou menos na época em que estava pondo o célebre sorriso na cara da *Mona Lisa*, Leonardo escreveu um livro sobre o voo dos pássaros. Desde pequeno era fascinado por eles e passava horas observando-os, se perguntando como será que conseguiam se manter e se movimentar no ar com tamanha facilidade.

Por isso, em vários momentos da vida, esteve obcecado pela ideia de inventar uma maneira de sair do chão e voar pelo céu de anil. Na década de 1490, essa ideia fixa reapareceu com toda força. Ele então tomou uma porção de notas, estudou as asas e as penas dos pássaros, a mecânica do voo, e chegou à seguinte conclusão:

Um pássaro não passa de um aparelho que funciona de acordo com as leis da natureza. Assim sendo, o homem pode recriar esse aparelho.

E resolveu tentar. Um dos seus desenhos mostra uma máquina de quatro pás, em que o coitado do piloto tinha de girar furiosamente as manivelas com a mão, ao mesmo tempo que pedalava e movimentava um pistão para cima e para baixo com a cabeça.

Se a ideia tivesse dado certo, os voos de hoje seriam outra coisa.

Nas asas da fantasia

Leo se convenceu a tal ponto de que o homem podia voar que resolveu construir um modelo de máquina voadora. Mas ficou tão aflito para manter a coisa em segredo que tapou as janelas de casa para que ninguém roubasse suas ideias.

No início, achava que, se amarrasse um par de asas bem grandes num homem e este agitasse os braços loucamente, conseguiria levantar voo. Acredita-se que ele próprio tenha planejado testar a máquina, pulando do teto de um dos palácios de Milão — mas o boato que corre é que ele acabou mandando um dos assistentes em seu lugar, e o resultado não foi bem o que ele esperava...

> PRONTO, BRUNO! SUBA AO CÉU!
> SHAZAM!

> !SPLAT!

> EU FALEI PARA MEXER OS BRAÇOS A TODO VAPOR!

A maravilhosa máquina voadora

Esta é uma das mais famosas invenções futuristas do Leonardo. Ele a projetou na década de 1480, quando vivia em Milão. É geralmente citada como uma versão primitiva do helicóptero, mas ele a chamava de algo como "parafuso aéreo".

> *O instrumento deve ser feito de linho, cujos poros foram vedados com amido. Se girado com força, o parafuso se elevará pelos ares e ganhará altura.*

Imagina-se que a ideia dele era que o parafuso fosse operado por quatro homens numa plataforma central, movendo barras que fariam o parafuso girar.

A barraca paraquedas

Em 1483, Leo desenhou um homem pendurado num treco que parece uma barraca de acampar. Ao lado, anotou que, se você der a um homem doze metros de pano e algumas varas para servir de armação, ele poderá pular de qualquer altura sem se machucar. Era o precursor do paraquedas, inspirado na barraca de campanha usada pelos soldados romanos. Pelo que se sabe, ninguém o testou, provavelmente porque uma geringonça dessas não despertava muito interesse na Itália dos séculos XV e XVI. Passaram-se quatrocentos anos até que alguém inventasse o avião de onde o paraquedista poderia pular.

Voando alto

> PODE SER UTILÍSSIMO, SE O SENHOR CAIR DO CAVALO.
>
> LEO-QUEDAS ®
>
> NUNCA CAIO DO CAVALO, GRAZIE.

Em junho do ano 2000, um inglês maluco saltou de um balão, pendurando-se numa cópia exata da barraca paraquedas do Leo. E sobreviveu a 3 mil metros de queda, apesar de os entendidos terem lhe dito que se espatifaria. Mas ele trapaceou um pouco, porque, se sua barraca paraquedas tivesse sido feita com materiais iguais aos do século XVI, teria pesado nada menos que 85 quilos e, portanto, teria esmagado o inglês quando ele aterrizasse. Para que isso não acontecesse, ele usou um paraquedas feito de material moderno, que abriu ao atingir seiscentos metros de altitude.

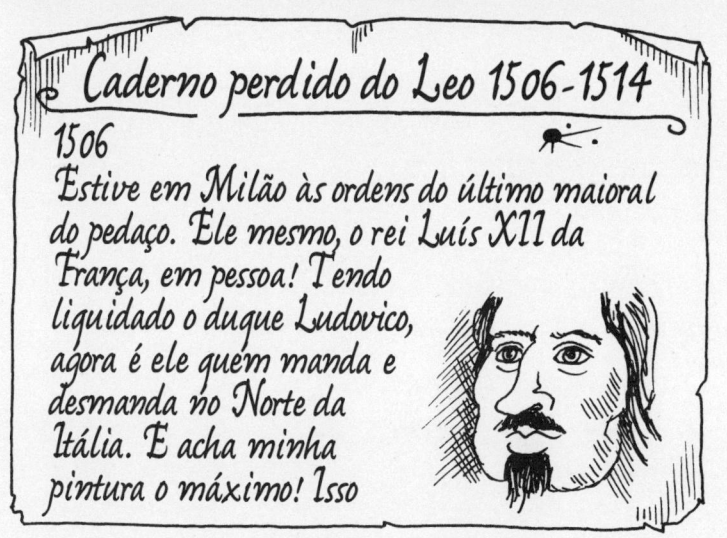

Caderno perdido do Leo 1506-1514

1506

Estive em Milão às ordens do último maioral do pedaço. Ele mesmo, o rei Luís XII da França, em pessoa! Tendo liquidado o duque Ludovico, agora é ele quem manda e desmanda no Norte da Itália. E acha minha pintura o máximo! Isso teria me deixado nas nuvens, não fosse um pequeno detalhe: meu velho tio Francesco tinha acabado de morrer, e lembrar nossos saudosos passeios pelas colinas me deixava com os olhos cheios de lágrimas.

1508
Estive num vaivém contínuo entre Florença e Milão. Projetei um refrigerador de ar para o governador francês em Milão. Funciona com água, que ao mesmo tempo impulsiona uma máquina de música. Espero que ele goste!

1509
Pacioli, meu amigo matemático, acaba de publicar um livro sobre forma e proporção, com algumas ilustrações minhas. Decididamente, há arte na matemática... e matemática na arte!

1512
Monas me mordam! Vocês não vão acreditar... Os Medici estão de volta ao poder em Florença!

> **1513**
> Mais incrível ainda! Um dos Medici foi sagrado papa! E agora quer que eu vá para Roma!
>
> **1514**
> Em Roma. E tratado como rei! Deveria trabalhar num espelho e numas lentes solares com dois alemães. Mas eles são uns chatos, imprestáveis e mal-humorados. Ainda por cima, um deles adora caçar passarinho! Que monstro! Bom, pelo menos posso me divertir com algumas brincadeirinhas engraçadas.

As diabruras do Leo

Além de ser um grande artista e cientista, Leonardo adorava pregar peças nos outros. E com toda aquela sua imaginação, bolava umas realmente incríveis! Eis algumas delas:

Tripas infláveis

Leonardo arranjou umas entranhas de boi (bucho, tripa, essas coisas) e limpou-as bem. Escondeu tudo numa sala em que dariam uma festança e prendeu a ponta aberta das tripas num fole, que ele tinha instalado na sala ao lado. Quando as pessoas começaram a chegar, ele acionou o fole e as vísceras do boi começaram a inflar, inflar...

OBS.: Não experimente fazer isso em casa.

O dragãozinho de estimação

Leonardo resolveu inventar um bicho de estimação diferente. Produziu umas asas escamosas de pele de lagarto e cobra e pintou-as com mercúrio (aquele metal usado nos termômetros). Pegou um lagarto de verdade, vivinho da silva, e prendeu as asas nele. Mas, para que o lagarto ficasse realmente assustador, acrescentou ainda enormes olhos falsos, um par de chifres pavorosos e uma barbicha demoníaca no bicho. Botou o dragão numa caixa e saiu com ela por aí. Sempre que encontrava uma pessoa meio nervosa ou bocó, soltava o bichinho e deixava-o correr

Voando alto

um pouco. Todo o mundo fugia, aos berros! (E você achava que o Godzilla era uma invenção moderna, hem?)

> E NEM FIZ O BICHO CUSPIR FOGO...
>
> AAAHHH!

Flatulências esvoaçantes

Com uma massa bem fina composta com cera de abelha, Leonardo fez modelos leves e ocos de vários bichos, enchendo-os de ar como balões. Depois de bem cheios, ele os soltava, e os balões voavam em todas direções, soltando certos barulhos parecidos com aqueles que você está pensando.

> PUUUMM!

Por fim, mais três truques que ele fez:

> DE UMA VASILHA CHEIA DE ÓLEO QUENTE FEZ SAÍREM CHAMAS, DERRAMANDO VINHO TINTO DENTRO.
>
> QUEBROU UMA VARINHA EQUILIBRADA ENTRE DOIS COPOS, SEM QUEBRÁ-LOS NEM DERRUBÁ-LOS.
>
> FEZ BOMBAS FEDORENTAS DE PEIXE PODRE.

Leonardo da Vinci e seu supercérebro

Último caderno perdido do Leo 1517-1519

Primavera de 1517
Estou na França! Fui nomeado Primeiro Pintor, Arquiteto e Engenheiro do próprio rei Chico! Levamos três meses para vir da Itália até aqui, o que foi tremendamente cansativo para um coroa como eu. Que deslumbrantes paisagens eu vi quando atravessamos os Alpes! Águias sobrevoando os picos, enormes cobras serpeando pelas trilhas e muitos lobos esgueirando-se pelas florestas. Uma tropa de mulas carregava nossos cestos e baús, lotados de roupas e cacarecos, além de meus desenhos, meus cadernos e três quadros — e entre eles, a própria Miss Sorriso!

Sim, trouxe tudo! Tchau, Itália. Não volto nunca mais!

Verão de 1517
O rei Francisco I da França me deu uma linda casa para morar. Fica num lugar chamado

Voando alto

Cloux, e eu, Salai e Melzi (um jovem artista amigo meu) já nos instalamos. A casa possui cerca de um hectare de lindos jardins e está ligada ao castelo do rei por um túnel subterrâneo. O rei aparece quase todo dia para dois dedos de prosa. Adoro isso! Diz que sou seu pintor, engenheiro e arquiteto favorito. Pena que eu não possa mais pintar. Meus braços, recentemente, ficaram meio paralisados por uma espécie de doença. Envelhecer é assim! O rei diz que sou o homem vivo mais culto do mundo e adora bater um papo comigo, ao pé da lareira. Hoje mesmo conversamos sobre a alma, perguntando-nos como ela deve ser — pena que não sei a resposta. E ainda por cima, ele me paga um senhor salário por isso. Nada mau!

1518

Fiz o velho número do leão robô para o rei e seus companheiros. Já tinha feito antes, mas esses franceses adoraram o bichano! É um leão mecânico que montei. Ele dá uns passos em direção aos convidados de

Leonardo da Vinci e seu supercérebro

> honra, para, depois se abre, e um enorme buquê de lírios pula fora da sua pança. Sempre arranca exclamações, risos e vivas!
>
> **23 de abril de 1519**
> Não estou me sentindo bem hoje. Na verdade, estou me sentindo tão mal que até fiz meu testamento, por via das dúvidas. Deixo metade da minha vinha na Itália para o meu criado e a outra metade para Salai (não que ele mereça!). E um bonito vestido para a senhora que vem fazer o serviço de casa para nós.

Leonardo morreu no dia 2 de maio de 1519, aos 67 anos. Dizem que morreu nos braços do rei. Mas como, segundo os registros, o rei nesse dia estava a quilômetros dali, essa história deve ter sido inventada apenas para dar um final majestoso ao grande artista.

EPÍLOGO

O corpo de Leonardo foi enterrado na França, numa capela que se deteriorou totalmente. Em 1802, Napoleão mandou reformá-la, mas o sujeito que fez a obra tirou os esqueletos dos caixões, para vender o chumbo com que eram revestidos (os caixões, não os esqueletos), e as ossadas se dispersaram no meio do entulho.

Como se não bastasse, algumas crianças insensíveis resolveram jogar boliche com os ossos, e não sobrou muita coisa. Mais tarde, um jardineiro enterrou os que restavam, até que um dia um sujeito resolveu desenterrá-los. Achando um crânio bem maior que os outros, concluiu que devia ser o do Leo, já que seu supercérebro não teria cabido nos menores. Então depositou o crânio e mais alguns ossos num túmulo e gravou os seguintes dizeres na lápide: AQUI JAZ O QUE SE ACREDITA SEREM OS RESTOS MORTAIS DE LEONARDO DA VINCI.

Depois da morte de Leonardo, Francesco Melzi voltou para a Itália, levando consigo os cadernos do grande homem. Salai também voltou para Milão, e parece que foi morto pouco depois pela seta de uma besta (mas deve ter feito por merecer...). Quando Melzi morreu, seu filho passou a vender os cadernos a qualquer um que desse alguma grana por eles, de modo que logo se dissiparam por todos os cantos, e muitos acabaram sendo perdidos, roubados ou queimados.

Resultado: durante muitos anos ninguém soube absolutamente nada sobre os trabalhos de ciência e engenharia de Leonardo, que só era lembrado por suas pinturas. Só a partir do século XIX é que se começou a procurar seriamente os cadernos e a colocá-los em coleções bem protegidas. Foi então que o mundo começou a descobrir que, além de um grande artista, Leonardo da Vinci foi um grande engenheiro, anatomista, inventor e arquiteto. Percebeu-se então que uma espécie de super-homem surgira no mundo já distante da Itália do século XV. Não demorou, e todo tipo de pesquisadores começou a meter seus eruditos narizes nas notas e desenhos de Leonardo. Ficaram pasmos ao constatar quão extraordinariamente ativo ele fora durante a vida inteira!

Mas não era o que Leo achava. Em uma de suas últimas notas, escrita poucos dias antes de morrer, ele diz que vinha pensando muito na sua vida e havia chegado à conclusão de que Deus provavelmente não estava contente com ele... por não ter trabalhado em sua arte com todo o afinco que deveria!

Um preguiçoso esse Leonardo, hein?!